中國歷史之旅

# 大唐盛世

宋詒瑞 著

新雅文化事業有限公司
www.sunya.com.hk

# 目　錄

# 導讀

　　隋朝的統一是在民族融合、經濟發展的基礎上實現的。短短三十年內，隋朝奠定了中國封建盛世的基礎。長安和洛陽的宮殿建築、大運河的開鑿，說明隋朝國力充裕，建築工程技術相當發達，但是隋煬帝的揮霍浪費使國庫空虛，民不聊生，最終導致隋朝滅亡。

　　近三百年的唐朝是中國歷史上最強盛的封建王朝，朝廷建立了完善的統治架構以及法律制度，發展農業和手工業，使社會繁榮安定。唐詩的成就亦很大，出現了李白、杜甫這些偉大的詩人。而唐太宗亦被少數民族尊為天可汗，民族關係融洽。中外經濟文化交流頻繁，加強了與亞洲的聯繫。可惜，唐朝在安史之亂後開始衰落，宦官專權，藩鎮割據，最終被篡權。盛極一時的大唐帝國一去不復返了，不過她的巨大影響已遍及全世界。

　　新雅文化事業有限公司於1997年第一次出版《中國歷史之旅》系列，簡明有趣的說故事手法，一直深受小讀者的喜愛。如今重新出版，除有精美的彩色插圖，還加入了「思考角」和「知多一點」兩大內容，跟小讀者分享對中國歷史故事的看法和觀點，還有延伸知識、談談一些典故的出處和古今意味等，希望小讀者們能以自己獨特的角度，細味中國歷史，論人論事。

# 1. 節儉的皇帝

古今中外歷代皇帝多不勝數，你可曾聽說過生活儉樸的皇帝？你一定會說，皇帝是一國之主，是全國最富有的人，他的生活肯定十分奢華。可是中國卻有過這麼一位與眾不同的皇帝，他就是北周末建立隋朝的隋文帝。

文帝即位八年後滅了陳朝，俘虜了陳後主。東晉以來長期分裂的局面結束，南北重新統一。

隋文帝很有政治才幹。他親眼見**陳後主**①因為荒淫奢侈而失掉人心，國家和軍隊完全沒有戰鬥力，才被他一擊即潰。現在他自己當了皇帝，就時時提醒自己：可不要重蹈覆轍呀！

所以他一方面自己過着儉樸的生活，另一方面要求官吏和自己的幾個兒子也這樣做，發現有貪污腐化行為都要嚴辦。據說隋文帝和皇后、妃子的衣服，都是穿

**小知識**

①**陳後主**：南朝宋國的最後一代皇帝，歷史上有名的荒淫無道的昏君，隋軍攻入建康皇宮時，他摟着兩個妃子跳了井。

了又洗，洗了又穿，破了就補一補，繼續再穿，完全沒有皇家的派頭。文帝平日吃飯時只有一碟是肉菜，其餘都是菜蔬。他的車馬用具壞了，總是叫人設法修理，修好了繼續用，不許做新的。

他常對長子楊勇說：「自古以來，沒聽說有奢侈腐化現象而能統治長久的。你是太子，應當注意節儉。」

楊勇小時候起就一直聽父親如此訓誨，聽多了就覺得厭煩了。等他長大後，看見父親的財富那麼多，覺得花費一些也沒什麼大不了，便把父親的話拋在腦後，生活開始講排場、擺闊氣了。不過總算做得不怎麼過分。

　　最糟糕的是三兒子楊俊，消滅陳朝時立下了戰功，受到獎勵，於是就驕傲起來，不把法制放在眼裏。他指使手下放高利貸，敲詐勒索，使一些小官吏和百姓傾家蕩產，自己搜刮了不少錢，隋文帝聽說後，派人把楊俊手下的人抓了幾十個，但是楊俊不但不收斂，膽子反而越來越大。他背着文帝偷偷為自己造了一所華麗的宮殿，用外國進貢的香料來塗掛牆壁，用美玉、黃金裝飾台階，宮裏牆上到處都鑲着鏡子，還搜羅了不少美女，日夜尋歡作樂。隋文帝知道後十分生氣，下令罷免了楊俊的官職，把他禁閉了起來。

　　大臣們為楊俊求情：「他不過多花了些錢來造房子，不算什麼大錯，處罰得太重了。」

　　隋文帝嚴肅地說：「法不可違，任何人都得遵守國家的法律。我不單是幾個孩子的父親，還是一國之主，只能依照一個法律辦事。照你們的說法，難道還要為王子另立一個王子法？」

楊俊聽說父親不肯寬恕他，又擔心又害怕，就病倒了。病中，他給文帝寫信表示認罪，請求原諒。隋文帝對送信的人說：「回去告訴楊俊，我艱苦創業，都是為了他們，希望大隋天下子孫萬代傳下去。他是我的兒子，反倒要把楊家天下斷送掉，叫我還有什麼可說？」

　　後來楊俊病死了，他手下人請求給楊俊立個石碑。隋文帝不同意，說：「想要留名的話，在史書上記一筆就足夠了，何必立碑！」文帝還吩咐把楊俊府中那些豪華奢侈的裝飾，統統毀掉。

　　在國事管理上，文帝也勵行節約。他合併了許多州、縣，裁掉一大批多餘的官員，為國家節省了大筆政費開支。他鼓勵大家節約用糧，儲存糧食，除了官府的倉庫以外，百姓也有倉庫。幾年下來，不但百姓們不愁吃穿，而且還儲存了大量糧食和布匹。聽說直到隋朝滅亡後的二十年，倉庫裏的糧食都沒有用完呢。國庫如此充實，這在歷史上是少有的。

　　由於隋文帝身體力行，措施英明，所以在他統治的二十多年間，政治清明，人口增加，國強民富，邊疆平靜，社會呈現一片繁榮，歷史上稱為「開皇之治」。

　　可惜，這樣的好皇帝卻沒有一個好下場，而且是

栽在自己兒子的手裏，你一定想不到吧？

　　文帝的二兒子楊廣平時裝得十分乖巧聽話，父母喜歡什麼，他就做什麼給他們看。在父親面前，他衣着樸素；父親到他王府來，他就把豪華的傢具和漂亮的女人收藏起來。他千方百計排擠哥哥楊勇，又挖空心思去討得文帝的歡心。文帝就廢了楊勇，改立楊廣為太子。後文帝病重時，楊廣命手下親信殺了父親，並假借聖旨去殺了楊勇，登上了皇位。

# 陳後主與李後主

文中提及的陳後主即是陳叔寶（公元 553-604 年），是南北朝時代陳國的末代皇帝。在位僅七年，但大興土木建造富麗宮殿，生活奢侈，沉迷醉酒歌舞，不理朝政。隋軍南下時，他自以為有長江天險能阻擋敵軍，不防守自衛。於公元 589 年隋軍攻入陳都建康，他抱着兩個愛妃跳入一口井，後被拉出來作了俘虜，期後病死。

中國歷史上有另一位同被稱為「後主」的君王——李後主，跟陳後主相隔了三百多年。

李後主即李煜（公元 937-978 年）是五代十國時期南唐的末代皇帝。在位十五年不識治理國家，只知道賦詞作樂、吟花弄月。宋軍南下攻入金陵，他投降被俘，後被宋太宗毒死。他的事跡在本系列的《宋元興衰》一冊中有詳細敍述（見第三章）。

這兩位後主的背景遭遇和個人風格有些相似，他們都是生活在深宮內不理國事的君王，但卻精於詩詞音樂，具有藝術才能。陳後主曾寫下著名的亡國之音《玉樹後庭花》，編成歌舞流傳至今。李後主則撰寫了《虞美人》一詞，名句「問君能有幾多愁，恰似一江春水向東流」抒發了亡國的憂傷情懷，傳頌千古。

假如這兩位後主把這樣的才能運用在治理國政方面，那會否有不同的結局呢？

# 2. 敢向皇帝説「不」的趙綽

在封建皇朝裏，皇帝是最高掌權者，是天子，他主宰一切，決定一切；他可以制定法律，也可以推翻法律；他可以今天想這樣幹，明天又那樣做，誰敢説個「不」字？頂撞皇帝的人，會隨時被皇帝下令殺頭，但是在隋朝，就有這麼一個不怕死的人，竟一連三次向皇帝説：「不！」

這個勇敢的人是誰呢？

隋文帝建國後，吸取陳後主亡國的教訓，決心好好整頓國事。他對皇親國戚要求嚴格，對百姓比較寬鬆。他認為法律太嚴，百姓會反抗，法律和緩，百姓會受到感化。因此，他下令制定「隋律」，廢除了以前的許多殘酷刑罰，還規定各地判了死刑的罪犯不能在當地處決，一定要送到**大理寺**①複審，然後由皇帝批准執行。

可是，皇帝有皇帝的脾氣，有時文帝本人就不完全按照這個刑律辦事，往往一時氣憤，就感情用事了，不顧刑律規定，隨便下令殺人。

這種情況使大理寺的官員很為難，照皇帝的命令辦吧，就與刑律抵觸；不照辦吧，自己的性命有危險，

真是進退兩難。有一位大理寺主持官趙綽，覺得維護刑律是他的責任，就常常冒險和隋文帝頂撞起來。

隋文帝曾經下令禁止使用不合標準的錢幣。有一次，都城**大興**②的大街上有人拿次劣錢幣換好幣，被官差發現了，捉到衙門裏。隋文帝知道後很生氣，認為怎有人敢違反他的禁令？一氣之下，下令把換錢的兩個人殺了。

趙綽接到命令，一查刑律並不符合，趕忙進宮去求見隋文帝。他對文帝説：「這兩個人犯了禁令，按刑律只能**打板子**③，不該處死。」

隋文帝很不耐煩地説：「這是我下的命令，跟你沒有關係！」

趙綽説：「承蒙陛下抬舉，叫我當了大理官員，現在碰到不按刑律辦事的情況，怎能説跟我沒關係呢？」

**小知識**
①**大理寺**：管理司法的最高機構。
②**大興**：今陝西省西安市。
③**打板子**：舊時一種刑罰，用木板或竹片拷打犯人。

隋文帝氣沖沖地説：「你想扳倒大樹嗎？太自不量力了！」

趙綽仍舊平心靜氣地説：「我只想勸説陛下改變錯誤決定，並非想扳倒大樹。」

隋文帝又氣勢洶洶地責問他：「你想觸犯天子的威嚴嗎？你不要命了嗎？」

不管隋文帝怎樣威脅，趙綽仍是堅持自己的意見。他跪在那裏，文帝罵他、趕他，他都不走。文帝沒法，很不高興地走進了內宮。

後來，由於其他大臣也上奏章，認為這件案子判殺頭是重了些。隋文帝終於取消了先前的命令。

又有一次，一個叫辛亶的官員被人告發搞不法的迷信活動，文帝又下令要大理把辛亶處死。

趙綽又來了，他對隋文帝説：「我不能執行這個命令，辛亶沒有犯死罪。」隋文帝很生氣：「辛亶是你什麼人？為什麼要你為他求情？」

趙綽坦然地説：「辛亶和我非親非故，我只是按照刑律辦事。」

文帝氣得渾身發抖：「你想救辛亶，連你自己的命也要賠上！」説着，命令左右衞士把趙綽拉下殿去。

趙綽面不改色，還在爭辯：「陛下可以殺我，但是不該殺辛亶。」

衛士把趙綽拉下殿，剝了他的官服，摘掉了他的**烏紗帽**①，準備處斬。

隋文帝想想，殺趙綽是沒什麼道理的，就問趙綽：「你還有什麼可說的？」

趙綽的雙膝跪在地上，卻挺直了腰板，凜然說：「臣一心執法，不怕一死。」

隋文帝覺得趙綽的確有道理，自己的氣也平了。趙綽能忠於執法，畢竟是對朝廷有利的。於是就把他放了，第二天還派人去慰問他。

大理官署裏有一個官員叫來曠，很會拍馬奉承。他聽說隋文帝對趙綽不滿，就偷偷給文帝上了道奏章，說大理衙門執法太寬，輕判了幾個重犯，文帝看了奏章，覺得來曠說得有理，就把他升了官。

來曠以為交了好運，就得寸進尺，又寫了一道奏章，誣告說趙綽受了賄賂，把重犯人私自釋放了。這下

小知識
①**烏紗帽**：紗帽，比喻官位，古代帽以黑紗製成。

反倒弄巧成拙，引起了隋文帝的懷疑，文帝想：趙綽是有些倔，但不像是徇私舞弊的人，就派親信去調查。結果證明根本沒那回事，全是來曠在造謠。文帝大怒，下令把來曠處死。

隋文帝把這件案子交給趙綽辦，心想這次要殺的是誣告趙綽的人，趙綽不會再說「不」吧？

哪知道趙綽還是說：「不，來曠有罪，但是不該判斬。」

隋文帝很不高興，心想你這個人是不是存心和我抬槓①？就一甩袖子，退了朝向內宮走去。

趙綽連忙在文帝後面大聲嚷着說：「好吧，來曠的事就不提了，但是臣還有別的要緊事，請求面奏。」隋文帝好讓他進內宮來談。

坐下後，隋文帝問他有什麼事。趙綽不慌不忙地答道：「臣有三條大罪，請陛下發落：第一，身為大理主持官，沒有把下面的官員管好，使來曠觸犯刑律；第二，來曠不該處死，臣不能據理力爭；第三，臣請求進內宮，本來沒什麼事，只是因為心裏着急，所以才欺騙了陛下。」

隋文帝聽到後面幾句，不禁噗地笑了出來。坐在

一旁的皇后也很讚賞趙綽的**剛正不阿**②，命令左右賜給他兩杯酒。

後來文帝認真聽取了趙綽的意見，同意赦免來曠死刑，改為革職流放。

來曠知道了這事後，為趙綽的正直所感動，羞愧萬分。

為了維護執法的公正，趙綽冒着性命危險，敢多次向皇帝說「不！」這真要有大無畏的精神才能做得到啊！

小知識
①**抬槓**：指爭辯，也說抬槓子。
②**剛正不阿**：阿，迎合、偏袒的意思，剛正不阿意思是做事正直公平，不偏護任何一方。

# 3. 隋煬帝開運河

提起貫穿中國南北的大運河，誰都知道那是隋煬帝開鑿的。可是當年煬帝開運河的目的卻不是為國為民，而是為了滿足他一己的私慾。你知道人們為何稱他煬帝嗎？原來「煬」就是不守規矩，人人討厭的意思。

隋煬帝就是文帝的二子楊廣。他用欺騙手段當上太子後，於公元605年殺父兄，登上寶座。目的既達到，他的真面目就很快暴露了。他追求享受，不惜勞民傷財，是出名的暴君。

中國歷史上喜歡吃喝玩樂的皇帝很多，可是要說到愛蓋宮殿和旅行，那就誰也比不上隋煬帝了。

隋煬帝愛到全國各地遊玩，尤其喜歡到那山明水秀的江南魚米之鄉。江南一帶由於晉朝大批人從北方遷去，帶去中原文化，發展很快，已成了一塊繁華的地方。

可是從北到南的這段長途旅行，卻是件辛苦的事。當時沒有火車，更沒有飛機，只能靠馬拉車，一來慢，二來不方便和不舒服。

隋煬帝終於想到一個好辦法：坐船去！那是比坐

馬車舒服得多了。可是，長江、黃河都是由西向東流的，沒南北之間的河道。於是，隋煬帝立即下令用人工來挖一條運河。

那時隋煬帝已遷都洛陽，造了個新都，叫東都。所以運河的第一步是挖一條通濟渠，從洛陽通到淮河邊的山陽，第二步是由山陽向南，通到**江都**①，叫邗溝。這兩段工程從煬帝即位那年的三月就開工，動用了一百萬名勞工，僅僅花了半年時間，那年八月，煬帝就坐着龍船到江都去遊玩了。

這段運河有一千公里長，河面四十多步寬。河的兩岸是大道，道旁種着榆樹和柳樹。運河岸上，每兩驛設有一座**齋宮**②，供皇帝休息用，從洛陽到江都共有四十多座齋宮。

運河挖成後，隋煬帝派人去驗收。他們把一丈二尺長的鐵腳木鵝從上游放下，一路飄下去，如果木鵝停住，就說明水淺，不夠標準。在一段運河中，木鵝停了

**小知識**
①**江都**：今江蘇省揚州市。
②**齋宮**：供皇帝在祭祀或舉行典禮前齋戒、清心的屋舍，這裏統指供皇帝在旅途休息的宮室。

一百多次，煬帝氣得暴跳如雷，竟殘忍地下令把這段的負責官員和民伕五萬多人全部綑住手腳，埋在水淺處的河灘上。

運河還沒完工時，隋煬帝已派人造好了許多大船。這些大龍船長二百尺，有四層，上層有正殿、內殿和上朝的廳堂；中間兩層有一百六十個房間，裝飾着金和玉；下層是宦官內侍住的。每隻船上有上千名船夫。

那年秋天，隋煬帝帶着皇后、妃子和文武百官，乘着幾千艘大船下江南去玩。這支浩浩蕩蕩的船隊在運河中首尾相接，前後長二百里。兩岸有馬隊護送，還有八萬名

縴夫拉船。河上駛着光彩奪目的華麗船隻，陸地上飄動着五彩旌旗；一到晚上，船上燈火通明，鼓樂喧天，好不繁華！

隋煬帝在船上縱情飲酒作樂，兩岸百姓得為他們準備食品，叫「獻食」，很多人為此弄得傾家蕩產。而皇帝的食品多得吃不了，開船前就在岸邊挖坑埋掉。

有了這麼方便的南下條件，以後隋煬帝又兩次巡遊江南。他每巡遊一次，沿途百姓就遭一次殃，而許多官吏卻藉此搜刮百姓發了財。

隋煬帝在位十三年，真正在洛陽過的日子才一年多！所以他除了在洛陽造了華麗的皇宮外，在全國各地也大興土木，建造了很多宮殿供巡遊時住用。

隨後，隋煬帝又下令把這段運河向南北兩頭延伸，向北開鑿永濟渠，直到**涿郡**①；向南鑿江南河，引長江水到**餘杭**②。前後用了將近六年時間，一條貫通南北，溝通海河、黃河、淮海、長江、錢塘江五條大河的大運河，便全部完工。

大運河便利了南北交通，是世界上偉大的工程之一。促進了南北經濟文化交流，有利於國家的統一。運河兩岸也隨着出現一些繁華的城市。隋煬帝雖然是為了追求享樂而挖運河，客觀上倒也是做了一件好事，但這讓千百萬勞動人民付出了沉重的代價。

以後有機會，你不妨也坐上船，行駛在運河裏，循着當年隋煬帝南下的路線走一趟，欣賞沿途江南景色，懷古一番吧！

小知識

①**涿郡**：中國古代的一個郡，漢高祖設置，即是今天的北京所在地。

②**餘杭**：今浙江杭州市

# 京杭大運河

京杭大運河最早開鑿是在春秋戰國時期，目的是為軍事行動服務；後來秦始皇也開通了一條河道，奠定了日後運河的走向。隋朝大規模擴修，貫通到都城洛陽並向北連接到涿郡；後來元朝翻修，摒除了洛陽，從杭州直通到北京。所以說，大運河開掘於春秋，完成於隋朝，繁榮於唐宋，拉直於元代，疏通於明清。2,500 年的歷史中經過三次較大的興修，最後一次的工程完成之後才正式稱作京杭大運河。

京杭大運河全長 1,794 公里，是中國僅次於長江的第二條「黃金水道」，也是世界上開鑿最早、最長的一條人工河道，長度為蘇伊士運河的 10 倍、巴拿馬運河的 22 倍。它使用至今，貫通了現今的浙江、江蘇、山東、河北四省和天津、北京兩大城市，沿途有九個重要港口，使運河兩岸的無數城鎮繁榮起來，對中國南北地區之間的經濟、文化發展與交流起了巨大的作用。

2002 年，大運河被納入了「南水北調」工程，解決了北方一些地區的乾旱問題；2014 年中國大運河項目成功入選世界文化遺產名錄，成為中國第 46 個世界遺產項目。

## 京杭大運河

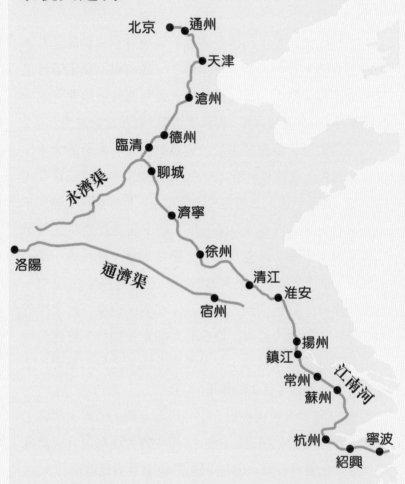

北京　通州

天津

滄州

臨清　德州

永濟渠　聊城

濟寧

洛陽　徐州

通濟渠　清江

宿州　淮安

揚州

鎮江

常州　江南河

蘇州

杭州　寧波

紹興

# 4. 一箭雙鵰的故事

我們常用「一箭雙鵰」這句成語來形容做一件事，能同時得到雙重的成效，就好比射出一枝箭，同時能射中兩隻大鵰，可能你會說，這是誇張比喻吧，誰會有這麼大的本事？不，歷史上確是有過這麼一個武藝高強的人，他就是隋朝的大臣——長孫晟（粵音成）。

隋朝建立初期，曾發生過**突厥**①人大舉入侵的事。過去，突厥族時時侵擾北部邊境，當時的北齊、北周政權為求得息事寧人，採取妥協的政策，常常給突厥的**可汗**②送禮，北周還把千金公主嫁給了四個可汗中勢力最大的沙鉢略可汗。

隋文帝即位後，只是與突厥保持正常的來往，沒有繼續送禮，沙鉢略就很不滿意。

千金公主一直不甘心自己的娘家北周被隋朝消滅，不時慫恿丈夫沙鉢略出兵攻隋，為北周報仇。於

**小知識**

①**突厥**：中國古代少數民族，游牧在阿爾泰山一帶，六
　　　　世紀中葉開始強盛收來，西魏時曾建立政權。

②**可汗**：即突厥族的首領。

是，當隋朝駐北方的一個地方官起兵叛變時，沙鉢略與他合謀，出兵四十萬大軍騷擾隋朝的北部邊境。

當時隋朝建立不久，國內人心不穩，南方陳朝也派兵攻打江北，現在北面又受到威脅，形勢變得很緊張。如何解除突厥人的問題？隋文帝想不出辦法，着急得很。

這時，朝內一個叫長孫晟的大臣向文帝上書，建議利用突厥四個可汗之間的矛盾，分化他們，遠交近攻，聯弱攻強，就可解沙鉢略的威脅。

隋文帝看了這份**奏疏**①，拍案叫絕。他趕快把長孫晟請來，與他詳細研究作戰計劃。

長孫晟一面向文帝說着自己的看法，一面隨手在紙上畫出突厥地區的山川道路、各地形勢。他說得非常詳細和透徹，對突厥瞭如指掌，使隋文帝不勝驚訝，便問他：「為什麼你對突厥了解得這麼清楚？」

「我曾經在那兒住過一年。」長孫晟笑笑說，於是他向隋文帝講述了他的經歷。

原來長孫晟本是北周的一名官員，他武藝高強，尤其善於弓箭和馬術。他射箭可以說是百發百中，而且射時，飛箭會發出一種特殊的響聲，人們稱作「霹靂」；

他騎馬奔馳時，像箭出弦一樣快，在人們眼前一閃而過。因此人們用「閃電」來形容他策馬飛奔的樣子。

長孫晟不僅武功好，人也聰明能幹，所以很受重用。突厥派人迎娶千金公主時，周宣帝派他作為送親副使，隨同公主去突厥，同時也做些友好聯絡工作。

長孫晟到了突厥後，和可汗沙鉢略相處得融洽。沙鉢略見他的箭術這麼好，就留他多住一年，請他教沙鉢略的一些子侄射箭。

有一次，沙鉢略帶着一些隨從出外打獵，長孫晟隨行。秋高氣爽萬里無雲，正是打獵的好天氣。兩人騎着馬，邊行邊談笑，自在得很。

忽然，隨從中發出一陣驚呼，把大家的注意吸引到了天空中。抬頭一看，只見有兩隻大鵰並翼飛着，嘴裏卻在爭奪着一塊肉。這種情景是很少見的，士兵們哄笑着，爭着發箭想把牠們射下來。嗖，嗖，一枝又一枝箭飛向空中，但那兩隻鵰飛得又高又快，誰也射不中。

**小知識**

①**奏疏**：即奏章，臣子向帝王呈遞的意見書。

　　沙缽略從自己箭袋裏取出兩枝箭遞給長孫晟説：「請將軍射下來吧。」

　　長孫晟毫不遲疑，只從沙缽略手裏取了一枝箭，策馬追上去。只見他彎弓搭箭，一箭射去，那兩隻鵰好像被栓在一起似的，拍打着翅膀，雙雙墜地。

　　士兵們歡叫着跑過去，拾起鵰來遞給沙缽略，他一看驚呆了，箭頭竟然把正在爭食的兩隻大鵰串在了一起！

　　沙缽略情不自禁地連聲叫好：「真是神箭！」這一箭雙鵰的事，使突厥人更加崇敬長孫晟了。

　　長孫晟是個有心人。他利用和突厥貴族子弟出去狩獵的機會，仔細觀察突厥的山水道路，熟悉了那兒的地形；又藉着和他們交往的過程中瞭解了不少突厥的內部情況。所以他才能向隋文帝提出切實可行的中肯建議。後來文帝採用他的策略對付突厥，沙缽略大敗，只好向隋朝求和稱臣，西北邊境這才安定下來。

  中國歷史之旅

# 5. 兒子逼父起兵

隋煬帝花天濟地，勞役百姓，後又**窮兵黷武**①，三次出兵**高句麗**②，給百姓帶來深重苦難，各地紛紛爆發農民起義。煬帝濫施酷刑進行鎮壓，結果激起更大民憤，起義浪潮洶湧澎湃，動搖了隋朝的統治。

利用這有利形勢最終攻入長安、推翻隋王朝的人，卻是一個名叫李淵的隋朝大官，但實際上籌劃成事的卻不是李淵本人，而是他的兒子李世民。兒子逼老子造反，這在歷史上是件罕事吧！

李淵的祖父是北周的開國功臣，死後追封為唐國公，李淵七歲便繼承了這爵位。公元617年，隋煬帝任命他為太原留守。李淵在鎮壓農民起義中挺賣力，打過好幾次勝仗，但隋煬帝始終不太信任他，另派了兩個副留守監視他。李淵敢怒不敢言，心裏很不痛快，整天喝酒度日。

**小知識**

①**窮兵黷武**：使用全部武力，任意發動侵略戰爭。
②**高句麗**：是公元前一世紀至七世紀生活在中國東北地區的一個古代民族。公元前37年漢元帝時朱蒙在西漢高句麗縣（今遼寧省新賓縣境內）建國。有時人們也稱它為高麗，但實際上與朝鮮半島上的高麗是不同的國家。

李淵有四個兒子。第二個兒子李世民最有政治頭腦，而且膽識過人。他認為隋朝的統治長不了，趁天下大亂的機會奪取政權，必能取得成功。

李世民有個好朋友劉文靜，本來是**晉陽**①縣令，因為和起義軍首領有親戚關係，被隋煬帝革了職，關在牢裏。李世民聽說後，就去獄裏探望他。

李世民見了劉文靜很是感慨：「像您這樣正直的人也被關進牢，這世道真是忠奸不分哪！」

劉文靜說：「如今有什麼忠奸可言！除非有漢高祖、光武帝那英雄再世，否則天下是沒希望的！」

李世民說：「您怎知道沒有那樣的人物？只怕是一般人發現不了。今天我來這裏，就是想和您討論天下大事，聽聽您的高見。」

文靜的年紀比李世民大好多，但他很欣賞李世民的年青有為。聽李世民這麼一說，他就明白了：「我到底沒有看錯公子！現在天下大亂，皇上只顧在江南遊玩，這是打天下的好機會。您父親手下有八、九萬軍隊，我再可以幫您收集十萬人馬。用這支力量起兵，打進長安，用不了半年，可以得天下！」

李世民聽了很高興：「您真是說到我心裏去了。

只怕我父親不同意，怎麼辦？」

　　劉文靜就和李世民一起商討如何説服李淵起兵。李世民離開監獄回家時，心情很興奮。正好此時太原北面的突厥進犯，李淵派去抵禦的部隊一再失利。李淵擔心隋煬帝知道後要追究他的責任，急得在屋裏踱來踱去，不知該怎麼辦才好。

　　忽然，李世民闖了進來，開口就説：「父親大人，大禍就要臨頭，您要當機立斷！」

　　李淵問：「你有什麼主意？」

　　李世民説：「您不如順民心，起兵反隋，可以轉禍為福，奪取天下。」

　　李淵大吃一驚：「你敢説出這種話來，要是我去報官，準會把你抓起來！」

　　李世民回答説：「父親要告就告吧，我不怕死！」李淵當然不去，但是叮囑他以後不許再説這話。

**小知識**

①**晉陽**：今山西太原所在地。春秋末晉國董安在太原盆地北端修築晉陽古城。北齊增築新城，在舊城設龍山縣。隋朝把龍山稱為晉陽，把舊晉陽稱為太原。公元 979 年晉陽被宋太宗下令放火燒毀。

第二天，朝廷又來命令，要李淵出兵去鎮壓農民起義軍。李世民就趁機再次勸說：「反叛的人越來越多，您討伐不了。即使您立了功，皇上還是猜忌您，您的處境更危險。別猶疑了，請聽我的意見吧。」

　　李淵歎了一口氣說：「昨天我想了一個晚上，你的話也有道理。從現在起，是家破人亡，還是化家為國，就看你的了！」在兒子的勸導下，李淵終於同意起兵。

　　李世民設法把劉文靜從牢中救了出來，幫助他們以平定盜賊為名招兵買馬。李淵又派人把正在河東打仗的另兩個兒子李建成和李元吉召了回來。

　　負責監視李淵的兩個副留守覺察到李淵父子的舉動反常，起了疑心，決定要殺掉李淵。風聲走漏了，李淵父子先下手為強，藉口他們勾結突厥，抓起來殺了，除掉了隋煬帝的耳目。

　　李淵又聽從劉文靜的計策，派人去向突厥可汗送了份厚禮，與他約定一起反隋，可汗答允了，這樣就穩住了突厥這一頭。

　　於是，李淵就正式宣布起兵。他自稱大將軍，李建成和李世民分別是左右領軍大都督，劉文靜是司馬。他帶三萬人馬離開晉陽，向長安進軍。這時，農民起義

軍已攻下了長安外圍的許多據點，形勢非常有利。李淵的軍隊一路上繼續招募人馬，並且學起義軍的做法，打開官倉把糧食分發給貧民，深得百姓支持。

隊伍開到霍邑，即今山西霍縣，遭到了隋朝大將宋老生的狙擊。這時，正趕上接連幾天下大雨，道路狹窄，又泥濘不堪，軍糧也不多了，李淵就動搖了，想撤兵回晉陽。

李世民堅決不同意撤兵，他說：「現在是秋收季節，田裏有的是糧！那宋老生也沒什麼可怕的。再說我們起兵為拯救百姓，現在一遇挫折就退，豈不叫人失望。回去是沒有生路的。」

李建成也同意弟弟的主張。他們弟兄倆配合夾攻，打敗了宋老生，攻下霍邑。此後一路順利，軍隊已發展到二十萬人，渡了黃河繼續向西。李淵有個在長安的女兒也招募了一萬多人的「娘子軍」，接應他們攻入長安。

攻下長安後，李淵廢除了隋朝的苛刑，開倉濟貧，立煬帝的十三歲孫子為隋恭帝，自己做大丞相。第二年隋煬帝被殺後，李淵才廢了恭帝，自己即位稱帝，改國號為唐，就是唐高祖。

# 6. 玄武門之變

李淵攻進長安後，派唐軍削平了西北幾個豪強的割據勢力，穩定了後方。公元620年七月，高祖派李世民率領大軍進攻洛陽，打了半年多才攻下，控制了黃河流域。之後李世民又先後平定了河北和山東的農民起義軍，到了公元623年，唐朝統一中國的戰爭基本結束，但是，唐朝皇室內部的矛盾卻緊張起來，具體表現在李世民和李建成之間為爭奪皇位而展開的激烈鬥爭。

唐高祖即位後，封李建成為太子，李世民為秦王，李元吉為齊王。

本來在這弟兄三人中間，李世民功勞最大。太原起兵，是他的主意，以後的戰鬥中，他立的戰功也最多。李世民不但有勇有謀，又廣泛結交知名人士，網羅了一批文武人才，他的勢力無人可比。

李建成在太原起兵後，也統率過一支軍隊打過一些勝仗，雖然沒有李世民那樣雄厚的實力，但因為他是長子，有皇太子這個合法身份，所以有批皇親國戚聚在他周圍。他長期駐守京城長安，在這裏有牢固的基礎，甚至宮廷的守軍都在他的控制下。他知道自己的威信比

不上李世民，心裏很忌妒，就拉攏弟弟齊王元吉，一起排擠李世民。

李世民和李建成是勢均力敵，旗鼓相當。李建成怕李世民奪取帝位，就採取先發制人的手段。他知道唐高祖寵愛一些妃子，就經常對她們拍馬奉承，討她們的歡心。而李世民卻曾經拒絕過她們索取珍寶和安排親戚當官的要求。所以寵妃們常在高祖面前說太子的好話，議論秦王的短處。高祖對李世民本來就有猜疑，就漸漸與他疏遠了起來。

有一次，三兄弟跟高祖到城外打獵。高祖讓他們騎馬比箭，李建成故意讓李世民騎他的一匹難以馴服的烈馬。

李世民剛騎上去，馬就狂蹦亂跳要把他摔下來，李世民急忙跳下馬背，等馬安靜下來後再騎上去。誰知他一騎上去，馬的野性又發作。這樣反覆了三次，李世民才馴服了這匹烈馬。他騎在馬上對旁邊的人說：「有人想用這匹馬害死我，豈不知，生死有命，怎麼害得了呢？」

李建成聽後，回去添枝加葉地對高祖的愛妃說：「秦王太猖狂了，他說天命在他身上，命裏注定要坐天

下的人，不會輕易死掉！」

愛妃們把這話告訴高祖，高祖很生氣，立刻把李世民叫來罵道：「天子是上天規定的，不是你想當就能當的！我還沒死，你為什麼那麼心急呢？」

世民一再解釋，高祖就是不聽，拍着桌子大發脾氣。正好這時有人送來報告說突厥入侵，唐高祖還要靠世民去打仗，就放過了他。

李建成一計不成，又生一計。一天晚上，他請世民去東宮喝酒，想用藥酒毒死他。李世民毫無戒心，連喝了幾盅，忽然感到肚子痛得難受，趕快回到家裏，吐了很多血出來。他明白是李建成在酒裏下了毒，趕快請醫服藥，總算保住了性命。

李建成想害世民，又怕他手下的勇將會礙事，便想把他們收買過來。他寫信給世民的猛將**尉遲敬德**①，表示要跟他做朋友，還送去一車金銀。

尉遲敬德對送信的人說：「我是秦王的部下，如果私下跟太子來往，對秦王三心兩意，我就成了貪利忘義的小人，這樣的人對太子又有什麼用呢？」他把金銀原封不動退回了。

當晚，李建成就派了個刺客去殺尉遲敬德。尉遲

敬德早就料到，就故意打開大門。刺客溜進門，見尉遲敬德斜靠在牀，身邊放了一把長矛。刺客不敢動手，就溜走了。

那時突厥入侵，高祖本來要世民帶兵去抵抗的，建成建議説讓元吉帶兵，把世民的幾員猛將和秦王府的精兵劃歸元吉指揮。他們打算把這些將士調走後，就可以放手殺害李世民。

高祖一一同意了建成的要求，建成很得意，以為自己安排得很周密，大功快要告成了。

其實這消息很快就傳到了世民耳朵裏，他感到形勢緊張，趕快找尉遲敬德等人來商量，他們都認為事情已發展到刻不容緩的緊急關頭，要立即動手，先發制人。

李世民説：「兄弟互相殘殺，總是件不體面的事，還是等他們動了手，我們再來對付。」

他的手下很焦急：「你再不動手，人家就要先下手，我們不願在秦王府白白等死。」

小知識

①**尉遲**：是一複姓。粵音鬱池，南北朝時北方鮮卑族的一個部落名，後以此為姓。

李世民這才下了決心。當天晚上他就進宮向唐高祖告了一狀，揭發建成和元吉在後宮的胡作非為，還說：「他們幾次想謀害我，假如他們的計劃得逞，我就永遠見不到父王了！」

高祖聽了很吃驚：「這事關係重大，明天我要親自審問他們。」

當天夜裏，李世民就布置好一切。第二天早上，他和尉遲敬德帶了一支精兵，埋伏在皇宮北面的玄武門，只等建成、元吉進宮。

沒多久，建成和元吉騎着馬來了。他們到了玄武門邊，覺得周圍的氣氛有些反常，起了疑心，正想掉轉馬頭走，李世民從玄武門裏騎着馬趕出來喊道：「太子，齊王，為什麼不去上朝？」

　　元吉急忙取弓，一連向李世民射了三箭，都沒射中。李世民眼明手快，對準李建成射了一箭，李建成從馬上摔下，斷了氣。尉遲敬德帶兵衝了出來，元吉想逃，也被他一箭射死。

　　東宮和齊王府的將士聽説玄武門出了事，便全部出動，猛攻秦王府。李世民一面指揮抵抗，一面叫尉遲敬德進宮去見高祖。

　　唐高祖正在殿裏等弟兄二人去朝見，尉遲敬德手持長矛氣喘噓噓進來報告説：「太子和齊王發動叛亂，秦王已經把他們殺了。秦王怕陛下受驚，特地派我來保駕。」

高祖驚慌得不知怎麼辦才好。左右大臣説：「建成、元吉本來就沒什麼功勞，又妒忌秦王。秦王功德蓋世，深得人心，應立為太子。」

　　唐高祖見事已至此，就宣布建成、元吉罪狀，令各府將士一律歸秦王指揮，局勢才平定了下來。六天後高祖立李世民為太子。過了兩個月，高祖讓位給秦王，自稱太上皇，李世民即位，就是唐太宗。

# 7. 愛聽意見的明君

唐太宗是中國歷代帝王中一位傑出的人物。從公元627年到649年，是唐太宗統治的**貞觀**①時期。這二十三年內，唐太宗在政治、經濟、軍事、文化等各方面進行了整頓和改革，政治清明，經濟發展較快，使唐朝成為我國歷代王朝中最強盛的一個朝代，也是當時世界上最繁榮最文明的國家之一。

唐太宗曾親身參加推翻隋朝，所以當了皇帝後，總是不忘隋朝滅亡的教訓。他常對兒子說：「一個皇帝要是按正道辦事，百姓就擁護他；如果不行正道，百姓就推翻他。水能載舟，也能覆舟！」

唐太宗很注意**納諫**②，虛心聽取意見，及時改正自己的過錯，對一位皇帝來說，這是十分難能可貴的。所以他能少犯錯誤，把國家治理得很好，在這方面有着不少動人的小故事哩！

**小知識**
①**貞觀**：唐太宗在位時的年號。
②**納諫**：古時候，把統治者聽取不同意見、判斷是非、然後採納正確的意見叫做「納諫」。

貞觀四年，唐太宗下令修復洛陽宮，準備自己到洛陽遊玩時用。**事中**①張玄素上書反對說：「修復洛陽宮，並不是當前最緊迫的事。當年隋煬帝修建洛陽宮，用兩千人拉一根大柱，從幾千里以外運到洛陽，勞民傷財，給百姓造成很大苦難。如今戰爭剛結束，我們的財力不如隋朝，陛下卻先修復洛陽宮，這不是比隋煬帝更過分嗎？」

唐太宗起初聽了很不高興，但後來認真考慮，覺得張玄素的話有道理，便感歎說：「我考慮不周到，你說的很對。」於是立即下令停工，並賞給張玄素二百匹彩緞。

唐太宗鼓勵各級官員有什麼說什麼，不要用為怕得罪皇帝而隱瞞真相。有一天他問專門負責監寫國史的人：「自古以來，國史都不讓本朝的君主看，這是為什麼呢？」

史官回答：「一個正直的史官，一定在國史中如實記下君主的功過。君主見到裏面記載着自己的過錯，一定會發怒，所以國史都不讓本朝的君主看。」

太宗說：「有什麼就寫什麼，怎會得罪君主呢？我很想看看國史上怎樣寫的，把以前的錯誤作為今後的借

鑑，有什麼不好呢？」於是史官就把有關高祖、太宗的史料整理好給太宗看，太宗看六月四日記載的玄武門之變中，有關殺死李建成、李元吉的情況敘述得很含糊，便把編寫國史的史官叫來，詳細地講了一遍當時的情況，說對此事不必隱諱，因為這對國家和百姓有利。

在太宗的鼓勵下，大臣們都敢於直言，甚至連一個小小的地方官也敢說出自己的意見。一次唐太宗想到一個縣去打獵，這個縣的縣丞是個八品官，他提出反對意見，因為那時是秋收大忙季節，縣裏抽不出時間和人力來接待，他要求太宗改在冬天農閒的時候進行。唐太宗不但採納了他的意見，還提升了他的官職。

玄武門之變後，有人向太宗告發說李建成手下有個官叫魏徵，曾經幾次勸李建成殺世民。唐太宗馬上叫人把魏徵找來，沉着臉問他：「你為什麼在我們弟兄間挑撥離間？」

大臣們都為魏徵捏把汗，只見魏徵神色自若，不慌不忙地回答說：「可惜先太子沒有聽我的話，否則他不會落到這樣的地步！」

太宗聽後，覺得魏徵很有膽量，說話直爽，為人正直，不但沒處分他，還任命他做了**諫議大夫**①。魏徵見太宗不記舊恨，善用人才，心中也很欽服，就一心盡忠職守。魏徵對大事想得很周到，有什麼意見就對太宗直說；太宗也很信任他，常把他召進內宮，聽取他的意見。

有一次，唐太宗問魏徵：「為什麼歷史上的君主，有的明智，有的昏庸？」

魏徵說：「**兼聽則明，偏聽則暗**②。治理天下的人能採納下面的意見，那麼下情便能上達，不會被人蒙蔽了。」太宗聽了連連點頭。

有一次，唐太宗從長安到洛陽，中途在休息地用膳，因為地方官沒有安排周到而大發脾氣。魏徵當面批評太宗說：「隋煬帝當年就曾常常責怪百姓不獻食物，或嫌進獻的食物不夠好，引起百姓強烈的不滿。陛下應吸取這個教訓。」唐太宗聽後一驚，說：「若不是你，我怎能聽到這樣中肯的話！」

貞觀中期以後，唐朝經濟更繁榮，政治也安定，大臣們都大力歌頌太平盛世，但是魏徵不忘過去的艱苦日子，給唐太宗上了一道奏章，指出他在十個方面的缺

點，希望他警惕，保持貞觀初期的好作風。唐太宗把奏章寫在屏風上，早晚閱讀，引以為戒。

魏徵總共上疏幾十次，坦率指出太宗的過失。他竭盡忠誠，時時勸太宗行仁政、息兵安民、戒除奢侈享樂，哪怕太宗聽得受不了，他都要據理力爭。有一次，魏徵在上朝時，跟唐太宗爭得面紅耳赤。唐太宗實在聽不下去了，想要發作，又怕在大臣面前損害了自己接受意見的好名聲，只好勉強忍住。

退朝以後，太宗憋了一肚子氣回到內宮，見了妻子長孫皇后，氣沖沖地說：「總有一天我要殺了這個鄉下佬！」

長孫皇后很少見到太宗發那麼大的火，問道：「不知陛下想殺哪一個？」

太宗說：「還不是那個魏徵！他總是當着大家的面侮辱我，叫我實在受不了！」

**小知識**

①諫議大夫：負責向朝廷提意見的官員。

②兼聽則明，偏聽則暗：多聽聽各方面的意見，就明智；只聽單方面的話，就昏庸。

長孫皇后不作聲，進房換了一套上朝穿的禮服出來，向太宗下拜。

　　太宗奇怪地問：「你這是幹什麼？」

　　皇后説：「英明的天子才有正直的大臣，現在魏徵這樣正直，正説明陛下的英明，我怎能不向陛下祝賀呢！」

　　這番話頓時澆息了太宗的怒火，使他越發覺得魏徵的可敬可貴。

　　公元643年，直言敢諫的魏徵病死了。唐太宗很難過，流着淚説：「魏徵一死，我就少了一面好鏡子了！」像唐太宗這樣開明的君主，在中國歷史上實在少有。

## 成功背後的長孫皇后

長孫皇后（公元 600-636 年），小名觀音婢，長孫是複姓（長，粵音掌），出身於北魏的皇室拓跋氏官宦家族。十三歲時嫁給李世民，生了三個兒子。她具有過人的智慧和高尚的品德，是太宗的賢內助。

本章已見長孫皇后如何巧妙地使太宗明白魏徵的可貴，其實她是唐太宗身邊一位重要人物，貞觀之治中有她一份重大的貢獻。

唐朝初期，宮廷內秦王李世民與兄弟之間矛盾激烈，她冷靜處理好與各方的關係，爭取大家消除對秦王的誤解；「玄武門之變」前夕，她撫慰秦府人員，避免人心波動。李世民登位後立她為皇后，有時會和她談起政務，但她絕不發言干涉朝廷事務。她只是掌管內廷，以她的柔性智慧力量把後宮管理得井井有條，輔助太宗全力以赴治理天下。她勤奮好學、生活簡樸，為後宮嬪妃樹立了良好榜樣，她的賢淑和美德深受人讚揚。她的哥哥長孫無忌和唐太宗是好朋友，在建立唐朝前後也立了大功，太宗就想任命他當宰相，但是皇后不同意，認為不要把她的任何一個親屬任

命官職。

　　長孫皇后病重時，兒子向她提議用大赦犯人來求上天保佑，她堅決反對，說國有國法，不能因一婦人而亂了法，損害國家。她離世後，宮女把她編撰的一部《女則》呈給太宗，裏面她把歷代婦人參政得失的歷史集匯在一起，警戒後人不得讓婦女參政。唐太宗閱後失聲痛哭。

　　唐太宗和長孫皇后真是一對相得益彰的好拍檔，是歷朝少有的。皇后協助太宗開創盛世，以她賢淑的品行獲得宮內外的敬仰，到唐高宗時被尊為「文心順聖皇后」。

# 8. 文成公主嫁吐蕃

　　大家都知道中國的西南部有一個叫西藏的地方，那是一個佔地面積很大的藏族自治區。你可知道，在古代這地區的發展竟是與一位漢族少女有着密切的關係呢！

　　唐初，太宗征服了西北的東突厥，在那裏設都督，由突厥人自己管理。從此唐太宗在西北各族中威信大增，被尊為**天可汗**①。西域各國也紛紛與唐交往，包括遠在西南的**吐蕃**②。

　　當時，吐蕃的**贊普**③名叫松贊干布，是一位傑出的領袖。他能文能武，聰明能幹，十三歲時就精通騎馬、射箭、擊劍等各種武藝，而且愛好民歌，善於寫詩，很受吐蕃人愛戴。他的父親去世後，吐蕃貴族發動叛亂，

**小知識**

①**天可汗**：意為可汗中的可汗，萬王中之王，天下共主。

②**吐蕃**：中國古代少數民族，藏族的祖先，生活在青藏高原上，過着農耕和游牧的生活。吐蕃人勇敢善戰，崇拜戰死的英雄。

③**贊普**：吐蕃人的首領，意思是強悍雄壯的男子。

十六歲的松贊干布很快平定了叛亂，統一了青藏高原的許多部落，遠立了政權，定都**邏些**①。

這時，正是唐太宗貞觀年間。松贊干布非常羨慕唐朝的文化，貞觀八年（公元634年），他派出第一批使者訪問長安，要求建立友好關係。唐太宗很快派使臣回訪，漢藏兩族開始建立友好關係。過了兩年，松贊干布派親信大臣帶着厚禮到唐朝向皇室請求通婚，唐太宗沒有答允。使者回去後怕松贊責備他不會辦事，撒謊說：「唐天子本來同意把公主嫁給大王，後來**吐谷渾**②王也來求婚，唐天子就改變主意了。」

吐蕃和吐谷渾本來就有矛盾，松贊聽了使者彙報十分生氣，就出動二十萬大軍進攻吐谷渾。吐谷渾力弱，哪是他的對手，一交鋒就敗了。松贊驕傲了起來，又派使者去威脅唐朝說：「如果不把公主嫁給我，我就帶兵到長安！」

唐太宗生氣了，派兵討伐吐蕃，松贊驕傲輕敵，被打得大敗，只得求和。

松贊看唐朝這麼強大，既害怕又佩服，更想和唐朝友好。公元640年他派了聰明能幹的宰相祿東贊，帶着上千兩黃金、數百件珍寶和一百人的出使隊伍，再次

到長安求親。

祿東贊向唐太宗傳達了年青有為的松贊干布對唐朝的敬意，以及想跟唐朝友好的心願，唐太宗被説動了，同意通婚。就在皇族的女兒中，挑選了一位温柔美麗的姑娘，封為文成公主，把她許嫁給松贊。

傳説當時到長安要求通婚的有五個國家的使臣，他們都帶着貴重的禮物，要求娶唐朝的公主。唐太宗決定出五道難題，考考這些使臣，看誰聰明，再作決定。祿東贊是個絕頂聰明的人，順利通過了這「五難婚使」的考試。

第一道題目是要求使者把一根柔軟的絲線穿過一顆**九曲明珠**③。幾個使者拿着絲線直發愁。祿東贊很快就想出個辦法：他把絲線繫在一隻螞蟻的腰部，把螞蟻放進珠孔，螞蟻爬過明珠的九曲孔道，帶過絲線。

**小知識**

①**邏些**：今西藏自治區拉薩市。

②**吐谷渾**：中國古代民族之一，在今青海省北部和新疆東南部，唐時曾建政權。

③**九曲明珠**：一顆明珠有兩個相通的孔，一在正中，一在旁邊。中間的孔道不是直的，而是彎彎曲曲的。

第二道題目是把一百匹母馬和一百匹小馬駒放在一起，要求使者辨認出哪匹馬駒是哪匹母馬生的。其他幾個使臣束手無策，只有祿東贊想出個好主意：他把母馬和馬駒分開關了一天，不給馬駒水和糧草，第二天把牠們同時放出來。只見母馬嘶叫，馬駒哀鳴，餓壞了的馬駒一個個跑到自己的母親跟前去吃奶。這是祿東贊從吐蕃人的游牧生活經驗中得到的啟發。

另一次考試是測測使者的認路能力。一天夜裏，宮裏忽然鐘鼓齊鳴，太宗傳召各國使臣入宮。其他使臣都急忙穿戴整齊趕到宮裏。只有祿東贊想得周到，他怕回來時找不到路，就讓隨從帶着紅顏料，在去皇宮的各個十字路口都做了記號。唐太宗請各國使臣看戲，看完戲就要使臣們自己回住處，看誰先到。其他使臣在偌大的宮裏轉了好久都找不到，而祿東贊靠記號的指引，很快就找到了住所。

最後一道考試是從二千五百個年青美貌的姑娘中，找出誰是準備出嫁的文成公主。一說是祿東贊憑自己敏鋭的觀察力，認出了文成公主，一說是祿東贊買通了文成公主的侍婢，留了個小記號給他認出。這些都是傳説，但反映了吐蕃人民對完成這個使命的祿東贊的讚

美，和對唐朝友好的願望。

公元641年，唐太宗派人護送文成公主去吐蕃。

文成公主聰明、美麗，讀過很多書，很有才華。唐太宗為她準備了一份豐富的嫁妝，其中有金銀珠寶、綾羅綢緞，還有各種吐蕃沒有的穀物、果品、蔬菜的種子、藥材、蠶種等，文成公主還帶了大批有關醫藥、種樹、工程技術、天文曆法的書籍。

文成公主帶着宮女、樂隊、工匠、官吏和衞隊，浩浩蕩蕩地向吐蕃行進。消息傳到吐蕃，人們歡欣萬分，從邊境到吐蕃，一路上都有人準備好馬匹、氂牛、船隻、食物，接送公主。松贊干布親自從邏些趕到柏海（今青海省鄂陵湖或札陵湖。）迎接，在那裏舉行了隆重的婚禮。松贊高興地説：「我的先輩沒有和漢族通婚的，今天我能娶大唐公主，實在榮幸。我要為公主建一座城，作為紀念。」

婚禮後，他們越過雪山高原，到了邏些城。邏些人民穿上節日服裝，熱烈歡迎遠道而來的贊蒙（意即「皇后」）。松贊干布按照唐朝建築風格，專門為公主建造了一座城郭宮殿，給公主居住。

文成公主在吐蕃生活了四十年，和松贊干布一

起，同心協力發展吐蕃的經濟和文化。那時吐蕃沒有曆法，以麥熟為一年開始。文成公主在那兒推行曆法。她還教吐蕃婦女紡織、刺繡、養蠶、釀酒。

　　文成公主信奉佛教，松贊干布在她的影響下，提倡佛教，修建了大昭寺，把公主帶來的釋迦牟尼佛像供奉在寺裏。松贊不斷派遣貴族子弟到長安求學，唐朝許多有學問的人也被聘到吐蕃，對吐蕃的發展起了很大的促進作用。直到今天，西藏地區還流傳着許多動聽的歌

謠，歌頌文成公主給吐蕃人民帶來的幸福。

　　拉薩市的布達拉宮和大昭寺裏，還供奉着松贊干布和文成公主的塑像，每年十月十五日，是公主的生日，西藏人民都到寺廟為公主祈福。漢藏人民永遠懷念這位為兩族友好作出了巨大貢獻的文成公主。

# 布達拉宮

於 1,300 多年前，公元七世紀松贊干布為迎娶唐朝文成公主，在紅山上修建了一座有一千間殿堂的三座九層宮殿。它依山而築，氣勢雄偉；東門外還有松贊干布的跑馬場，但是吐蕃王朝滅亡後，這座古老的宮殿大部分毀於戰火及雷擊，只有極少部分殘留下來。

目前西藏布達拉宮的基本面貌是公元十七世紀五世達賴喇嘛時期於 1645 年修建的。先建了東邊的白宮及宮牆城門角樓，在他圓寂後 1693 年又修建了中部的紅宮。此後歷代達賴又相繼擴建，增建了五個金頂及一些附屬建築。1936 年十三世達賴喇嘛的靈塔建成後，才形成了今日布達拉宮的規模。它是世界上海拔最高，集宮殿、城堡和寺院於一體的宏偉建築，是藏式古建築的傑出代表，也是中華民族古建築的精華。

1994 年 8 月中國完成了規模最大的文物維修工程——布達拉宮以最新的迷人風貌展現在人們面前：宮殿高約 117 多米，外觀 13 層，裏面是 9 層，宮前有布達拉宮廣場。它是「世界屋脊」上一顆璀璨奪目的明珠，也是第五套人民

幣 50 元紙幣背面的風景圖案。

布達拉宮裏收藏了豐富的歷史文物，其中有壁畫、佛塔、塑像、唐卡、金銀玉製器皿、工藝珍品以及貝葉經等珍貴經文典籍。布達拉宮是藏傳佛教的聖地，每年有無數朝聖者和觀光遊客前來瞻仰。1961 年 3 月被列為全國重點文物保護單位，1994 年 12 月聯合國教科文組織把它列為世界文化遺產，2013 年 1 月，又被國家旅遊局列為五 A 級旅遊景區。

# 9. 唐僧西遊取經

你一定讀過《**西遊記**①》這本書，記得那調皮可愛的孫悟空怎樣大鬧天宮，又怎樣和沙僧、豬八戒一起打打鬧鬧、吵吵嚷嚷護送唐僧去西天取經的有趣故事吧？那位不怕困難，歷盡艱險終取得真經的唐僧，原來歷史上確有其人哩！

唐僧本名叫陳褘，河南洛州人，十三歲那年就出家做了和尚，法號玄奘。他認真研究佛學，精通佛教經典，也被尊為**三藏**②法師，有人就叫他唐三藏。唐朝初年，玄奘到四川研究佛經。那時四川比較安定，從各地來了很多有名的**高僧**③。玄奘向他們請教，研究佛教理論，學問大有長進。他看遍了國內的佛經資料，感到有些佛經譯得不完全，錯誤很多，有些問題解決不了。聽說佛教的發源地**天竺**④地方有很多佛經，就決心到大竺去學習。

由於唐朝初建，突厥經常在邊疆騷擾，朝廷就禁止私人出境，拒絕了他的申請。玄奘的同伴就不敢去了，但是玄奘沒有動搖。公元627年八月，他從長安出發，踏上了向西行的道路。到了玉門關附近，他的馬死

了，後面的差役追了上來，玄奘躲在客店裏，不知如何是好。

州官李昌拿着追捕文書走了進來問道：「師父就是玄奘吧？」玄奘沒有回答。

李昌説：「師父如説實話，弟子可以給您想個辦法」。玄奘見他態度誠懇，就説了自己名字。

李昌讚歎道：「師父決心取經，研究佛法，真了不起，我一定盡幫助。」説着把追捕文書撕了，給玄奘配了匹馬，説道：「師父快走吧，天黑就出不了關了。」玄奘又驚又喜，趕緊離開客店。李昌又告訴他

**小知識**

① **西遊記**：明朝吳承恩著長篇小説，共一百回，規模宏偉，結構完整，寫孫悟空出世及保護唐僧去西天取經的故事，用幻想形式反映社會矛盾，情節曲折，語言生動詼諧，別具風格。

② **三藏**：佛教經典的總稱，佛教經典分為三部分，包括佛經、戒律、論述與註解，也即《經藏》、《律藏》和《論藏》，通曉三藏的僧人被稱為三藏法師。

③ **高僧**：地位較高的出家修行的佛教徒。

④ **天竺**：我國古代稱印度為天竺。

説，玉門外有五座烽火台，每座之間相隔一百里，中間沒有水草，只有烽火台旁有水源，而且有兵士把守。追捕他的公文已到達各地，如果經過烽火台，一定會被捉住，所以要他特別小心。

玄奘出了**玉門關**①，在沙漠中行進。一天中午來到第一座**烽火台**②。他怕哨兵發現，白天躲在溝裏，晚上才到水源取水。他正想用皮囊水袋盛水時，忽然飛來一箭，幾乎射中膝蓋，接着又是一箭。玄奘知道躲不過，索性大喊：「我是長安來的和尚，要到西天取經，請你們別射箭！」

守衛烽火台的官兵問清了玄奘的來歷，十分敬佩。**烽官**③王祥也是信佛教的，幫他裝好水，送出十幾里以外，指引他通向四台的小道。

第四個烽火台的烽官是王祥的同族兄弟，也很熱情接待他，留他住了一夜，備好水和乾糧，告訴他說第五台的烽官很壞，叫他繞道走，到野馬泉取水，再往西走就是一片長八百里的大沙漠了。

玄奘又繼續上路了，可是他迷了路，沒有找到野馬泉。他正拿起皮囊喝水時，一失手，整袋水都潑翻在沙漠上。茫茫黃沙，一空無際，到哪兒去取水呢？沙漠中間，上不見飛鳥，下不見走獸，白天熱風如火，晚上寒風似刀，沿途只見人獸的遺骸，散落在沙堆上。有時一陣旋風，捲起滿天黃沙，像暴雨一樣落下來。玄奘忍着乾渴走了五天五夜，最後昏倒在沙漠中。

半夜過後，起了一陣涼風把玄奘吹醒，他起身牽了馬走了十幾里，幸好前面有一片綠洲，清澈的泉水救了他的命。

**小知識**

①玉門關：唐代邊境的最後一道關卡，在今甘肅省河西走廊西部，鄰接內蒙古自治區。

②烽火台：古代邊疆戍兵用烽火報警而築的高台。隔一定距離築一座。發現敵人入侵時，一台燃起烽煙，鄰台見後也立即舉火，就可以很快傳告全線戍兵，作好準備。

③烽官：守衛烽火台的將官。

經過半個多月的艱苦行程，玄奘終於走出八百里沙漠，來到**高昌國**①。高昌王本是漢人，也信佛，他苦苦請求玄奘留下來講法，玄奘不肯，甚至絕食三天。高昌王深受感動，為他準備行裝，派二十五人帶三十匹馬護送，並給沿途二十四國寫信，請他們保護玄奘過境。

此後，玄奘帶領人馬翻山越嶺，越過雪山冰河，衝過暴風雪崩，整整走了一年，公元628年夏天才到了天竺。

天竺是佛教發源地，有很多佛教古跡。玄奘遊歷各地，朝拜聖跡，向高僧學經。通過實地考察，他對佛經的理解更深入了。

**摩揭陀國**②有一個古老的大寺院，叫那爛陀寺，是天竺佛教的最高學府，已有七百多年歷史，有僧人一萬多。玄奘來到那天，僧人們都手捧香火和花朵，迎接來自中國的各人，寺的**住持**③戒賢法師是位年過百歲的佛教權威，他本已不講學了，但是為了表示對中國的友好，特地收玄奘為弟子，重開講壇，用十五個月的時間為玄奘講解了最難懂的佛經。

玄奘日以繼夜地鑽研佛經，學習古代印度語取得了優異的成績。在那爛陀寺，能通曉二十部經論的有千

人，通曉三十部的有五百人，通曉五十部的只有十人，玄奘是其中之一，但是他並不滿足。在寺裏學習五年後，他外出到處遊學。十年中，終於像戒賢法師一樣，通曉了全部經論，聲譽傳遍全天竺。

公元641年，玄奘路過**曲女城**④，受到戒日王的歡迎。戒日王崇奉佛教，本人又是詩人和劇作家，提倡各宗教各學派自由論辯。正好有一個反對那爛陀派的人寫了篇論文給戒日王，聲稱沒有人能駁倒其中一個字。戒日王決定在曲女城舉行盛大的法會，公開辯論。

公元642年十二月辯論大會開始。玄奘擔任大會的論主，即主講人。他用**梵文**⑤寫上一篇駁斥那人的文章，在會上宣讀，又舉了很多例子反覆論證他的觀點。辯論會進行了十八天，天竺十八國的國王和三千多高僧出席，沒有一人提出不同意見，人人折服。

**小知識**

①**高昌國**：在今新疆吐魯番東。

②**摩揭陀國**：今印度比哈爾邦南部。

③**住持**：寺廟的當家和尚。

④**曲女城**：今印度北方邦內的卡瑙季。

⑤**梵文**：一種古印度文字，佛經都用梵文寫成。

公元645年，玄奘帶着六百五十多部佛教經典，經由西域，回到長安。這時，距他從長安出發已經整整十八年了。

長安城裏人山人海，道路兩旁擺着香案和鮮花，敲鑼打鼓歡迎玄奘歸來。唐太宗接見了玄奘。玄奘介紹了他旅途見聞和西域、天竺各國的風土人情。太宗勸他還俗從政，玄奘拒絕了。

玄奘修造了大雁塔作儲經之用，之後二十年間他專心於翻譯佛經工作，共譯出七十四部佛經、一千三百多卷，共一千三百多萬字。他的譯文流暢優美，忠於原意。「印度」的國名就是他在翻譯時確定下來的。他又回憶旅途見聞寫了一本《大唐西域記》，記載了一百多國的情況，已被譯成多國文字，是一部世界名著。

玄奘是中印人民友誼的使者，是傑出的翻譯家和偉大的旅行家，他用頑強的意志和百折不撓的毅力來達到自己的理想，這點是永遠值得我們學習的。

# 10. 女皇帝武則天

從三皇五帝以來，中國歷史上出現過許許多多皇帝！其中有好皇帝，有壞皇帝；有大皇帝，有小皇帝……但這些皇帝統統是男的，沒有一個是女的。這在封建社會裏是必然的，因為皇位只能傳給兒子，人們認為男的才可以主宰一切，但是，大唐王朝裏卻出了一位女皇帝，説起來這事還挺有傳奇性的呢！

據説唐太宗李世民在位時，曾經有人作過預言，説唐朝在三代皇帝之後，會出現一位女皇帝。太宗聽了當然很不開心，堂堂大唐王國怎能淪到女輩之手！於是他先下手為強把朝廷裏、皇室裏他認為最可疑的女子統統殺了。他懷疑這個、懷疑那個，惟獨沒有懷疑到他身邊的一個小妃子武曌（粵音照），而偏偏是這個十四歲的武曌，日後成了統治大唐的女皇帝！

武曌就是武則天，并州文水人。她的父親本來是個木材商人，後來跟隨李淵起兵反隋，被任命為**工部尚書**①。武則天十四歲時，唐太宗聽説她長得美，選她人

小知識

①**工部尚書**：工部的長官，掌管各項工程、工匠、屯田、水利、交通等事務。

宮，當了一名小妃子，服侍太宗。

太宗的馬廄裏有一匹馬，叫獅子驄，長得高大威武，可是性格暴躁，難以馴服。

有一次，唐太宗帶着宮妃去看這匹烈馬，他開玩笑地問：「你們當中有誰可以制服牠？」

這批柔弱如花的妃子當然一個也不敢接腔。武則天卻勇敢地站了出來：「陛下，我敢！」

唐太宗驚訝地望着這個女孩：「你有什麼辦法來馴服牠？」

武則天胸有成竹地説：「只要給我三件東西：鐵鞭、鐵錘和匕首。牠不聽話，就用鐵鞭抽打牠；再不服，就用鐵錘敲牠的腦袋；再不馴服，就用匕首刺牠的喉嚨。」

唐太宗聽了哈哈大笑，雖然武則天的話帶着孩子氣，但他很欣賞她的潑辣性格，從此便對這小妃子格外寵幸。

唐太宗死後，按照宮規，他的宮女、妃子都被送到佛寺去當尼姑了，武則天當然不滿意這樣的安排。繼位的唐高宗原先就對這個美麗的小妃子很有好感，幾年後就把她接回宮裏封為妃子。

武則天很乖巧。剛回宮時，她對高宗的妻子王皇后十分謙恭，處處迎合她奉承她，所以王皇后常在高宗面前誇獎她，說她的好話。後來唐高宗十分寵愛武則天，漸漸疏遠了王皇后，王皇后覺得大勢不妙，轉過來說武則天的壞話，這時高宗怎聽得進去？武則天達到了目的，十分得意，進一步想奪取皇后的位置。

當時唐高宗雖然寵愛武則天，但還沒有廢掉王皇后的意思。武則天便想方設法要陷害皇后。不久，武則天生了個女兒。王皇后因為自己沒有孩子，常常逗抱這女孩。一天，王皇后剛剛離開那女孩，武則天就把女孩陷死，再用被子蓋好。高宗進來掀開被子，發現女孩死了。武則天裝出傷心大哭的樣子，高宗當然不會懷疑是她殺死自己的孩子。一問左右，都說剛才王皇后來過，高宗就氣憤地說：「皇后殺死了我的女兒！」心中有了廢掉皇后的念頭。

一天，高宗召幾位大臣來商量立武則天為皇后的事。高宗舅父長孫無忌和另一大臣堅決不同意，說皇后出身名門，沒有過錯，不能隨便廢掉；武則天出身低微，又是先帝的妃子，不適合做高宗的皇后。武則天一直躲在簾子後面偷聽，聽得她怒不可遏，心想：「有朝

一日我大權在握，就把這些狗東西打死！」武則天私下拉攏一批大臣，慫恿高宗廢了皇后，說：「這是陛下的家事，別人管不着！」

公元655年冬，高宗下詔廢了皇后，立武則天為后。武則天立刻使出她的手段，把反對她的名臣一個個罷免、流放，連長孫無忌也被逼自殺。她又提拔了支持她的幾個臣子，加強了自己的勢力。

過了幾年，唐高宗患病，不能臨朝，便委托武則天處理朝政。武則天能幹，又懂文墨，居然把國家大事處理得井井有條，威信越來越高，她也越來越狂妄，漸漸就不把高宗放在眼裏。高宗想做些事，沒有她的同意就做不成。她自己做事就根本不用和高宗商量。

高宗見大權已落到武則天手中，心中很惱火，就秘密把大臣上官儀找來商量。上官儀是反對武則天掌權的，就說：「陛下既然嫌她太專斷，不如把她廢了。」高宗就讓他起草廢武后的詔書。

不料高宗身邊的太監都是武則天的心腹，他們連忙去報告武則天。她氣沖沖地趕來，厲聲問高宗：「這是怎麼回事？」

高宗嚇得抖抖嗦嗦地，把上官儀起草的詔書藏在

袖子裏説：「我本來沒有這個意思，是上官儀鼓動我幹的。」武則天立即把上官儀處死了。

自那以後，唐高宗上朝，都由武則天在旁邊監視。大小事情，都得由皇后點了頭才算數。大臣們把高宗和武后稱為「二聖」，實際上大權完全在武后手中，高宗只是空有其名罷了。

高宗深感武氏一派勢力越來越大，擔心李家天下保不住，就想趁自己在世之時傳位給太子李弦。武則天不喜歡李弦，竟用毒酒毒死了自己這個大兒子，立次子李賢為太子。高宗讓李賢監國，武則天就廢李賢為**庶人**①，改立三兒子李顯為太子，弄得高宗束手無策。

公元683年高宗病死了，太子李顯即位，就是唐中宗，武則天以皇太后身分臨朝執政。後來中宗重用皇后韋氏家族的人，武后就廢了中宗，立她的四兒子李旦為唐睿宗，睿宗也不能使她滿意，她就把睿宗軟禁起來，不讓他干預朝政，一切由她作主。

小知識
①**庶人**：即平民的意思。

唐朝一些元老重臣對這種狀況非常不滿，先後有人在外地起兵反對武則天，被她用重兵鎮壓了。於是再也沒人敢反對她。

　　武則天鞏固了統治，就不滿足太后執政的地位了。公元690年，唐睿宗和滿朝大臣按照武則天的旨意向她上書，請求太后即位稱帝。九月，武則天接受大家的請求，廢了唐睿宗，終於正式登上皇位，自稱聖神皇帝，改國號為周。

　　經過了三十六年的苦心經營，武則天在六十七歲時，成為中國歷史上唯一的女皇帝。

# 11. 請君入甕

　　武則天參政和當政的五十年間，表現出她有非凡的政治才幹。首先是她善於挖掘人才和使用人才，其次是她有納諫的胸懷，宰相和大臣們提出的建議和批評，她大都能採納。她還發展科舉制度、重視農業生產、加強邊防、改善與邊境各族關係，因此在高宗去世前後的動盪時期能保持社會安定、鞏固國家統一。可是，在她統治的後期，她卻一步步走向反面，政治日趨腐敗⋯⋯

　　自從揚州發生了反對武后的兵變後，武則天總是疑神疑鬼，特別是對唐朝宗室和一些老臣子更不放心。她想把那些反對她的人全部除掉，可是，誰在暗中反對她呢？用什麼辦法才能知道呢？

　　於是，她下了一道命令，發動全國告密。不論大小官吏，或是普通百姓，只要發現有人謀反，都可以直接向她告密。

　　有個人想討好她，便上書建議做一些**銅匭**①來收告密信。銅匭分四格，告密信只要投了進去，就拿不出來。武則天很滿意，下令把銅匭分別放在城門前和朝堂

上，無論誰都可以告密檢舉，並且規定，對於告密的人，任何人不得干涉。地方官吏遇到有人告密，不許自己查問，要為告密的人備好車馬，派人護送到京，由武則天親自召見。告密屬實，告密的人可以得到官職；即使告密不符合事實，也不問罪。

這樣一來，告密的風氣就盛行起來了。武則天收到許多告密的材料，總得有人替她審問呀。有些官員就靠此發跡了。

周興、來俊臣本來是兩個小官，因為善於編造罪名，製造冤案，陷害好人，都升了大官。這兩人手下養了幾百名流氓無賴，專門幹告密的事。他們想要陷害誰，就派幾個人在各地同時告密他謀反，捏造很多證據，然後下令把被告的人抓起來嚴刑拷打。被告的人往往屈打成招，含冤而死。來俊臣還專門編寫了一本《羅織經》，傳授怎樣羅織罪狀的手段。

周興、來俊臣辦起案來十分殘酷，他們想出各種各樣慘無人道的刑罰，名目繁多，花樣百出，什麼「仙

小知識

①銅匭：匭，粵音軌。即銅匣子。

人獻果」,「玉女登梯」,用**木楔**①釘腦、竹簽刺指甲、熱醋灌鼻……等等,真是殘忍到了極點。他們兩人一共殺了幾千人,毀了一千多個家庭。人們都害怕和憎恨這兩人,把他們比作虎狼,稱他們為「酷吏」。

告密的風氣越來越盛,連武則天的親信、掌管禁軍的丘將軍也被人告發謀反,被武則天下令殺了。

酷吏的橫行引起人們的強烈不滿,武則天看到羣情激憤,對她的統治很不利,就想殺幾個酷吏來緩和一下矛盾。正好有人告發說周興和已被處死的丘將軍同謀,武則天大吃一驚,立刻下密旨給來俊臣,叫他負責審問周興。

說也巧,當太監把武則天的密旨送到來俊臣家時,來俊臣正和周興在一起,邊喝酒邊議論幾個案件。

來俊臣拆開密旨看了,不動聲色,把密旨往袖子裏一放,回過頭來繼續跟周興談話。

突然,來俊臣問周興:「朝廷讓我審問一個犯人,這個罪犯十分狡猾,恐怕他不會輕易認罪,你看怎麼辦?」

周興捻着鬍鬚,微微笑着說:「這還不容易!我最近就想出一個新辦法,拿一個大**甕**②來,四周用炭火

燒，他不認罪，把他放在甕裏烤，還怕他不招？」

　　來俊臣聽了，連連點頭說：「好辦法，好辦法！」他就叫公差去搬一隻大甕和一盆炭火到廳堂來，把甕放在火盆上。盆裏炭火熊熊，烤得廳裏的人都流汗了。

　　周興正感到奇怪，只見來俊臣站起來，板着臉對周興說：「接武后密旨，有人告發周兄謀反，如不招供，請君入甕。」

　　周興嚇得魂飛魄散，來俊臣的手段他是最清楚的。他連忙跪地叩頭認罪。來俊臣根據他的招供定為死罪，

上報武后，武后改為流放，因為考慮到周興畢竟為她辦了不少事；再說，他是不是真的謀反，她也有些懷疑。

周興幹的壞事多，冤家也多。人們恨透了他，在送去流放的半路上就把他殺死了。

周興的下場並沒有使來俊臣收斂些。他依然受到武則天的信任，繼續幹了五、六年誣告殺人的事。他的野心越來越大，後來居然告到武則天的侄兒和女兒頭上。這些人也不是好惹的，他們知道來俊臣手段毒辣，就先發制人，把來俊臣抓起來，揭出了他一貫誣告好人、濫用酷刑的老底，判他死罪。

武則天本來想庇護他，無奈他作惡太多，大臣紛紛上書要求處死他，武則天只好批准。

行刑的那一天，刑場上人山人海，人人都要親眼看看這惡棍的應得下場。百姓互相道賀說：「從今以後，可以安心睡覺了！」

所以後人把「請君入甕」作為一句成語，比喻用某個人整治別人的辦法來整治他自己。

# 12. 姚崇滅蝗

公元705年，朝中大臣發動政變，擁唐中宗復位，是年武則天病死。之後八年內，唐朝政局動盪不定，先是中宗皇后韋氏亂政，中宗被她毒死；中宗之弟睿宗父子起兵殺死韋后，睿宗復位。公元712年，唐睿宗讓位給兒子李隆基，改年號為開元，這就是歷史上有名的唐玄宗。至此，武后以來的一連串宮廷政變宣告結束，大唐又進入了安定繁榮的時期。這裏值得一提的是玄宗身邊的宰相——姚崇。

唐玄宗是經過兩次政變才得到政權的，所以他注意從各方面來鞏固統治，尤其注意官吏的選用。他把一些對政權有威脅的官吏和皇室人員調離長安；規定京官和地方官常常互相調動的制度；並親自復試新官員，罷免不稱職的。他特別注意挑選宰相人才，開元初年的宰相姚崇、宋璟等人，都是很有才華、很有作為的人物。

姚崇在睿宗的時候擔任過**兵部尚書**①，後來因為得

小知識

①**兵部尚書**：兵部的長官，掌管全國武官選用，以及兵籍、軍人、軍令等有關事務。相當於如今的國防部部長。

罪了公主，被貶到外地做刺史。唐玄宗知道他很有才幹，建立政權後便召他回京。

唐玄宗對姚崇說：「我早知道你是個人才，請你做我的宰相吧！」

誰知姚崇推辭不幹。玄宗問他為什麼，他說：「臣有十件大事，陛下未必同意，所以不敢接受任命。」玄宗要他說說是哪十件事，姚崇就一一列出：

第一、以仁義為先，不要只用刑罰；

第二、十年之內不要在邊境作戰；

第三、宦官不要干預朝政；

第四、皇親國戚不要擔任機要職務；

第五、無論什麼人，犯了法都得受罰；

第六、取消租稅以外的一切額外徵收；

第七、禁止營造佛寺；

第八、對待臣下要有禮；

第九、允許群臣對朝政提出批評建議；

第十、嚴禁外戚干預政事。

唐玄宗聽了連連點頭，十分誠懇地說：「這十件大事至關重要，我都同意，你不用擔心。」

姚崇馬上叩頭謝恩，接受了任命。

姚崇當了宰相後，沒有辜負唐玄宗對他的信任，治理國家很有成績；玄宗也沒違背自己的諾言，在他所提的十件大事上都支持他。這樣，唐王朝重新出現了興盛景象。

　　公元716年，河南一帶發生了一次特大的蝗災，中原土地上到處出現成軍的飛蝗。那些蝗蟲飛起來黑壓壓一片，遮天蔽日；停下來密密麻麻，把田裏的禾苗吃得一乾二淨。農民一年辛辛苦苦耕作的收成眼看就全要泡湯了。

　　那時候，人們沒有科學知識，認為蝗蟲是神降禍於人類，所以只是燒香拜佛，求上天開恩，消災賜福。結果一點用也沒有，蝗蟲繼續糟蹋着莊稼，災情越來越重，地方官只得向朝廷告急。

　　姚崇得到報告後，向唐玄宗上了一道奏章，認為蝗蟲只不過是農業上的一種害蟲，是有辦法可以對付的，只要各地官民齊心協力驅蝗，蝗災可以撲滅。

　　玄宗十分信任姚崇，批准了他的奏章。姚崇就下令各官員帶領百姓滅蝗。他還具體指示了滅蝗的方法：要百姓一到夜裏就在田頭點起火堆，等飛蝗看見火光飛來，就集中撲殺；同時在山邊挖個大坑，邊打邊燒。

這個命令一下達，有個地方官叫倪若水拒不執行。他不但不組織百姓滅蝗，還給玄宗上了奏章，說蝗蟲是天災，不是人力能滅除的。皇上應多做有德行的事來感動上天，收回蝗蟲。

　　姚崇看了倪若水的奏章，為他的愚昧無知感到十分惱火，提筆寫信給他說：「要是多做有德行的事就能解除蝗災，那麼你管的地方蝗蟲那麼多，難道說你是個沒有德行的人？眼看禾田被蝗蟲吃掉，你竟忍心不救，將來造成饑荒你要負責！」

　　倪若水見宰相語氣那麼硬，不敢再違抗。他發動各地官民用姚崇的方法滅蝗，果然有效，幾天功夫就撲滅了蝗蟲十四萬擔，災情緩和了。

　　各地捕殺蝗蟲的數目報到京城，竟有一批朝廷的官員認為這樣的滅蝗辦法從來沒用過，殺生太多，會得罪上天，就怕會出什麼亂子。唐玄宗聽到很多人議論紛紛，心中也有些動搖了，便找來姚崇商量。姚崇從容不迫地回答道：

　　「做事只要合乎道理，就不能講老規矩。以前歷史上大蝗災的年頭，都因為沒好好滅蝗，造成了嚴重災荒。歷史不能重演。現在河南河北存糧不多，如果今年

因為蝗災而百姓挨餓，國家就危險了。如果這樣撲蝗會招來災禍，我願接受處分。」

有個官員好心提醒他：「殺蟲太多，總是傷和氣的事，你考慮一下。」姚崇說：「如果不殺蝗蟲，到處變成荒地，河南百姓統統餓死，這難道不傷和氣嗎？」

由於姚崇不顧許多人反對，堅決採取措施積極滅蝗，各地的蝗災終於平息了下來，那一年河南避免了一場大災荒。

瞧瞧，不講科學的迷信思想是多麼無知和可笑！如果按這些人的想法行事，在天災前束手無策，人類不知還會遭多少災哪！

玄宗就是善用姚崇這樣出色的人才，推行了一些有利社會發展的措施，所以公元713至741的開元時期，唐朝達到了極盛的頂點，歷史上稱為「開元之治」。

# 13. 世界名都長安城

　　你有沒有想過，為什麼我們把出外購物叫做買東西？東和西，本來是兩個不同的方向，為什麼把商品，物件叫做「東西」，而不叫「南北」？這是個有趣的問題，值得探究，要解答它，還得從唐朝的京都長安城說起。

大唐王朝時代的長安，是個繁榮熱鬧的城市，不僅是中國政治、經濟和文化中心，也是聞名世界的都市，各國商業活動的中心，就好比現在的紐約、巴黎、東京、香港一樣。

經過貞觀之治和開元之治的唐朝，發展到鼎盛時期，作為首都的**長安**①，就成了全國和全世界人民嚮往的地方。那時在長安街頭，常常可以見到矮小的日本人、粗獷的突厥人、高鼻子藍眼睛的波斯人、黝黑的非洲人、穿着單袖大掛的吐蕃人……他們有的是來學習的，有的是來做生意的，有的只是為了來看看大唐的風采。

　　位於渭河南岸關中平原上的長安，的確是令中國人為之驕傲的。自從隋朝於公元582年開始興建，到唐朝繼續修造，先後經過一百多年的時間，完成了這座規模宏偉、布局工整、具有中國民族特色的美麗城市。

　　長安城基本上呈正方形，分為宮城、皇城和外郭城三部分。最北部正中叫宮城，是皇帝和皇族居住的地方；宮城南面是皇城，比宮城略大，是朝廷各官員辦公的地方；除此以外的大片地區叫外郭城，是市民的住宅區和商業區。你知道下棋用的棋盤吧？這外郭城就像棋盤一樣，由東西大街十四條和南北大街十一條縱橫交叉，把全城劃分成整整齊齊的一個個方塊區域，叫做「坊」，是老百姓住的。

　　全城有一百零八個坊，每個坊都用土牆圍繞起來，

四面各開一門，供居民出入，一直到現在我們還習慣用
「街坊鄰居」來稱呼住在附近的人家，就是這個緣故。

　　如果在外郭城裏只見土牆圍着的一個個坊，那麼
店鋪在哪裏？人們在哪兒買東西？

　　城的東西兩頭各有一個大市場，每個可容一千多
家店鋪。東面的市場叫東市，主要經營來自全國各地的
土特產，那時的店鋪叫「行」，就有肉行、魚行、藥
行、絹行、鐵行、金銀行等店，據說共有二百四十行。
現在我們常稱的銀行、洋行、南北行大概也是那時沿用
下來的名稱。

　　西面的西市是少數民族和外國商人集中進行交易的
地方，有服裝店、珠寶店、**鞍轡**②店等。按朝廷規定，
中午時打鼓二百下，宣布市場活動開始；日落西山時，
鳴**鉦**③三百下，店鋪關門，市場活動就停止了。那時人

小知識

①**長安**：現今陝西省西安市所在地。漢朝和唐朝的都
　　　　　城。
②**鞍轡**：駕馭牲口用的工具，鞍是放在牲口背上馱運
　　　　　東西或供人乘坐的器具，多用皮革或木頭加
　　　　　棉墊製成；轡，是控制牲口的繮繩。
③**鉦**：一種銅製的打擊樂器。

們要到東市去購物，就簡單説「去買東」，到西市去就説「去買西」，久而久之，上街購物就成了「買東西」了，你説好玩嗎？假如那時的市場在長安城的南頭和北頭，恐怕現在就要説「買南北」而不是「買東西」了。

長安城有兩條寬闊的大街互相銜接，貫穿南北，成為一條中軸線，把長安城分為東西對稱兩部分。這種整齊均稱的布局結構是中國建築史上的新創造，對當時日本、新羅的都城和中國其他城市的建築都有很大影響。明清時代的北京，就是仿照長安城修建的。

北面的宮殿羣造得巍峨壯麗，外國使節來此拜見唐皇的，莫不為它的雄偉莊嚴所懾服，為那優美華麗的建築而傾倒。那時唐朝與西域多國建立了友好關係，常常互派友好使團訪問。日本、**新羅**[①]等許多國家都派人來長安留學，還有許多僧侶到長安研究佛經。聽説新羅的國王就曾親自來訪問過，回國後一心一意模仿唐朝，國家的結構、官員的名稱、寺廟的模樣……都跟中國雷同。日本人更是好學，他們建的住房、寺廟，使用的武器和文具，以及樂器、繪畫、養蠶、紡織、造紙等，都是學唐朝的，他們穿的和服就是根據唐人服裝製成的，至今還是日本的傳統民族服，據説甚至連「日本」這個

國名，也是武則天女皇給起的哩！

　　唐代對世界的影響太大，給人們留下的印象太深，所以一直到今天，大家仍然認為中國唐代極具代表性。

　　作為唐朝的京都長安城也就顯赫一時。可惜到了唐朝末期，軍閥進佔長安，強迫拆城遷都洛陽，長安城成了一片廢墟！

**小知識**

①**新羅**：在朝鮮半島，朝鮮古國，即現之韓國。

# 古都長安

　　盛唐時期的長安與羅馬、開羅、雅典並稱為世界四大古都，是人類歷史上最早的城市之一。傳說中的盤古開天闢地、女媧補天等故事都在這裏發生；舊石器時代這裏就是藍田猿人的聚居地。公元前十二世紀周文王在這裏建京開始，共有西周、秦、西漢、新朝（王莽）、東漢、西晉、前趙、前秦、後秦、西魏、北周、隋、唐等十三個王朝在此建都長達 1,200 年，一直是中國政治、經濟和文化中心。它是中華民族的搖籃，是中華文明的發源地，著名的絲綢之路也是以此地為起點。

　　長安，是現今陝西省省會西安的前身。因其燦爛的歷史，西安至今保留着秦始皇陵兵馬俑以及周邊的十八皇陵等豐富的歷史文物，被稱為「天然歷史博物館」。1981 年聯合國教科文組織把西安定為「世界歷史名城」。世界上已經有 200 多個國家的首領訪問了西安，對這座美麗的古都歎為觀止。

　　近年來香港人很喜歡去日本旅行，京都、奈良等地更是旅遊熱點。你曾經去過這兩地的話，是否看到那裏的城市風貌、廟宇寺院都有一種曾似相識的感覺？

當時一百萬人口的長安曾是國際大都會，吸引各國人士來到。有七十多個外交使團、三萬多外國留學生曾慕名而來。長安城的建設更成了典範，對其他地方的都城建設影響很大。好學的日本人就按照長安的建城規劃建設了平城京（即是今天的奈良），於710-784年是日本的首都；後來又建了平安京，794年被定為日本的首都，它就是現在的京都，當時也叫做北京，相對於南京奈良。兩地的很多名勝古跡的建築風格都有唐代建築的影跡可尋，奈良的東大寺的正倉院內還保存着一批盛唐傢俱，是極為珍貴的文物。唐代的長安、今日的西安，都是中國的驕傲！

# 14. 口蜜腹劍的李林甫

　　凡事要能做到善始善終——開頭好，堅持到底一直好，是很不容易的。可惜的是唐玄宗也不例外。他在位的頭二十多年裏，任用了一批賢能的人當宰相，自己又能虛心採納大臣的意見，所以國家治理得很好。可是日子一久，他就驕傲自滿了，生活豪華，懶得理政，信任和重用了一些奸臣，把那些能幹正直的大臣罷免掉。這樣，唐朝很快就衰落了下來。

　　唐玄宗所重用的奸臣當中，最壞的就是宰相李林甫。李林甫本來只是個普通大臣，學識很差，沒什麼本事，倒是專學了一套奉承拍馬的本領。他買通了宮內的宦官和妃子幫他探聽宮內的事，玄宗在宮裏說什麼、想些什麼，他都先摸了底。等到唐玄宗找他商量什麼事，他就**對答如流**①，迎合玄宗的心意。唐玄宗聽了很舒服，覺得李林甫的想法和自己的一樣，就漸漸喜歡他了。

　　當時唐朝朝廷可以有好幾個宰相，唐玄宗想把李林甫也提為宰相，就跟老宰相張九齡商量。張九齡是個正直的人，他看出李林甫不是個正派人，就說：「宰相

的地位關係到國家安危。陛下如果拜他為相，只怕將來國家會遭到災難。」

這話傳到李林甫耳裏，他把張九齡恨得咬牙切齒。他就常在玄宗面前説張九齡的壞話：説他「是個書呆子，**不識大體**②」，説他「目中無人，做事霸道」等等，使玄宗越來越覺得張九齡討厭，李林甫聽話又能幹，終於找了個藉口撤了張九齡的職，讓李林甫當了宰相。這是唐玄宗從明君到昏君的轉捩點。

李林甫上任後第一件事就是要把玄宗和百官隔絕，不許大家在玄宗面前提意見。他把諫官召來，宣布説：「現在皇上英明，做臣下的只要按照皇上意思辦事，用不着大家七嘴八舌。」有個諫官不理他，仍上奏本給玄宗提建議，第二天就被降職調到外地去了。諫路一斷，李林甫就可以為所欲為地支配玄宗了。

**小知識**

①**對答如流**：回答問話像流水一樣流暢，形容反應快，口才好。

②**不識大體**：不知道顧全大局。大體，重要的道理，主要的方面。

李林甫知道自己沒本事，在朝廷中名聲也不好，因此很妒忌別人。他是個陰險狡猾的傢伙，表面上他裝得十分厚道，待人和善，對人說話滿嘴甜言蜜語，讓人覺得他是個大好人。實際上他時時刻刻想暗算別人，尤其要陷害那些得罪過他的人，不投靠他的人，或者是才能比他高的人。因此，當時人們都說李林甫口蜜腹劍，殺人不見血！

有一次，**兵部侍郎**②盧絢騎馬從玄宗宮前經過，玄宗見這位將軍一表人才、風度文雅，隨口讚賞了幾句。李林甫怕玄宗重用盧絢，就對盧絢的兒子說：「聽說皇上要讓你父親到廣州一帶去作地方官，那裏是邊遠的不毛之地，你父親哪受得了這苦？不去呢，就會被降職。依我看，不如請求去洛陽當個閒官吧。」

盧絢聽了兒子轉達李林甫的話，信以為真，就主動請求去洛陽。李林甫在調動時又把他降為華州刺史。盧絢上任後不久，李林甫又造謠說他有病，不理政事，把他的官職削了。

小知識

①**兵部侍郎**：相當於如今國防部副部長，侍郎是副長官的意思。

這樣的手段他經常使用。有一個官員嚴挺之被李林甫排擠到外地當刺史。後來玄宗想起他，對李林甫說：「嚴挺之這個人很有才能，還可以用呢。」李林甫答應去打聽一下。

他趕緊找到嚴挺之的弟弟，對他說：「你哥哥不是很想回京城工作嗎？我倒有個辦法。」

嚴挺之的弟弟見李林甫這樣關心他哥哥，非常感激，忙問該怎麼做。李林甫說：「只要叫你哥哥上一道奏章，說他得了病，請求回京城看病。來了就好辦了。」

嚴挺之接到他弟弟信，真的上了奏章，請求回京看病。李林甫拿着奏章去見玄宗：「真太可惜了，嚴挺之得了重病，不能幹大事了。」唐玄宗惋惜地歎口氣，這事也就算了。

對於沒有什麼過失的大臣，李林甫也挖空心思引誘他們造成過失，然後加罪於他們。和李林甫同時作宰相的李適之很有才能，李林甫怕他跟自己爭權，就設法陷害他。一天，他對李適之説：「聽説華山有金礦，要是能開採出來，朝廷就更富了，可惜皇上不知道這事啊！」

過了兩天，李適之向玄宗奏事，就順便提了這事。後來，玄宗問李林甫，華山是不是真的有金礦。李林甫慢條斯理地回答説：「這事我早就聽説了，本來應該及時上奏皇上的。可是我一想到華山是皇家的根本所在地，那裏有帝王之氣，金子再多也不能開採！所以我一直沒敢向您上奏。」

玄宗一聽，認為李林甫最忠於皇室，李適之對他不忠，所以就不信任他了。李適之這才知道自己是上了李林甫的當，他怕遭到進一步迫害，就主動辭職了。李林甫給他加上了些別的罪名，把他貶到很遠的地方。第

二年，李林甫派人到各地去追殺他的仇人，李適之知道後服毒自殺了，狠毒的李林甫還要斬草除根，派人把李適之的兒子活活打死。

被李林甫排擠和陷害的大臣不是這麼一兩個，而是一大批！朝廷用這種人作宰相，還有救嗎？李林甫當了十九年宰相，一個個有才能的正直大臣遭排斥，一批批鑽營拍馬的小人受重用。唐朝也就從興旺轉向衰敗，終於出了亂子。

在生活中我們也要善於識別真偽善惡，警惕那些笑裏藏刀。口蜜腹劍的兩面派啊！

# 15. 唐玄宗與楊貴妃

　　唐玄宗在晚年不僅重用奸臣，失去諫路，亂了朝政；而且開始追求享樂，沉湎酒色。他想：天下太平無事，政事有宰相管，邊防有將帥守，自己何必為國事那麼操心？已經艱苦奮鬥了多年，該鬆口氣，享受享受了。可惜啊可惜！本來是一位幹勁十足的英明君主，竟然為了一個美女，保不住自己的晚節，葬送了天下！

　　**天寶**①三年，唐玄宗最寵愛的武惠妃死了，他很傷心，決計要找個美人來填補。荒唐的是，他竟然看中了自己兒子壽王的妃子楊玉環。楊氏是個少見的美人，而且聰明伶俐，還懂音樂。玄宗就把她霸佔了過來，取名太真，封為貴妃。

　　唐玄宗早把國事全交給了宰相李林甫辦理。有了楊貴妃後，他更是經常留在內宮尋歡作樂，連每天例行的早朝也懶得出來應付。

　　唐玄宗和楊貴妃縱情享樂，過着十分奢侈豪華的生活。他們吃一頓飯，山珍海味要有幾十道菜，一道菜的價錢，往往相當於十戶中等人家的產業。那些皇親國戚為了討好他們，爭着向朝廷進獻最昂貴的食品，幾十

盤、幾百盤地陸續送進宮來。為此，皇宮裏還專門設立了「檢校進食使」的官職，專門評比各家的美食。

唐玄宗把楊貴妃住的地方起名為「貴妃院」，專門為貴妃院製作衣料的絲織匠和繡花匠就有七百人之多。還修了個美麗的華清池，給貴妃作沐浴之用。

官員們把從老百姓身上搜刮來的奇異珍寶、名貴服飾和新奇玩藝都源源不斷地運到長安，貢獻給玄宗和楊貴妃。凡是貢獻最多最好的就都升了官，甚至可以調到京都來作官。

唐玄宗對楊貴妃的寵愛到了無以復加的地步，貴妃想要什麼，玄宗就不惜一切代價，千方百計為她弄來。

楊貴妃愛吃新鮮的荔枝。荔枝是嶺南佳果，產在離長安城幾千里的廣東省一帶，怎麼弄來呢？那時最快的運輸工具只有馬匹。玄宗為了討貴妃的歡喜，下令嶺南官員要以最快的速度把新鮮荔枝送到長安。於是地方

**小知識**

①天寶：公元 742 年，唐玄宗改年號為天寶，開始逐漸荒廢朝政。

官員派出最善於騎馬的人，騎上最快的馬，像接力賽一樣，一站一站地換人換馬，接力傳送荔枝到長安。荔枝送到楊貴妃手的時候，還是又紅又香，一點都沒變哩！至於這樣做浪費了多少金錢，累壞了多少人，跑壞了多少匹馬，唐玄宗當然是不去理會的。

　　唐玄宗對楊貴妃這麼順從和寵愛，對她的家人自然也是特別照顧。玄宗把貴妃的父親、叔父、兩個堂兄都升了大官，把貴妃的三個姐姐都接到長安居住，分別封她們為韓國夫人、秦國夫人和虢國夫人，對她們也是十分寵愛。

　　楊家兄弟姐妹在京城建造了許多豪華的住宅，一座比一座漂亮，單是蓋一個廳堂，就要花費千萬錢。一次，虢國夫人看到一條街上有塊地方，位置很好，可是別人已在上面蓋了房子，她就帶領一幫人闖進這戶人家，硬把房子拆了，蓋上她的新房子。楊氏一家的勢力壓倒滿朝人。他們可以自由出入皇宮，凡是楊氏兄弟姐妹要辦的事，官員們不敢說個「不」字。一些想往上爬的人就爭着向他們拍馬討好，阿諛奉承。楊家的門庭若市，來行賄的人絡繹不絕。

　　楊貴妃有個遠房兄弟楊釗，在蜀中窮得過不下去

了，聽說堂妹成了貴妃，就趕快帶了些禮物來長安見貴妃。貴妃在玄宗面前為他說了幾句好話，玄宗就讓他當上了**禁衞軍參軍**①。官職倒不大，但是這個楊釗很會迎合玄宗的心意，他精於賭博，每逢玄宗玩賭博遊戲時，他就在一旁幫他忙。玄宗越來越喜歡他，打算提拔他。

楊釗乘機就討好說：「我的名字『釗』字是由『金』和『刀』二字組成的。這『刀』字殺氣太重，有點冒犯皇上，請皇上代為改個名。」

玄宗一聽很高興，認為楊釗對自己很忠心，就為他改名楊國忠。楊國忠到長安的第三年，玄宗就提升他當了**京兆君**②、**御史大夫**③，另外還兼了二十多個重要的職務。

楊國忠當了高官，大權在手，更是胡作非為了。有一年，關中地區接連發生了水災和旱災，大部分莊稼都死了。唐玄宗聽了這消息也很發愁。楊國忠卻叫人拔了些長得好的禾苗給玄宗看，說：「有些小災沒關係，瞧，禾苗不是長得不錯嗎？」玄宗信以為真，就不再過問。

有一年，玄宗要發兵去襲擊西南邊境的**南詔國**④，楊國忠推薦自己的親信擔任統帥，出兵八萬，結果犧牲

了六萬人。接着他又派一將領去征伐，又吃了敗仗，但是楊國忠卻向玄宗謊報軍情說打了大勝仗，還要為他的親信邀功請賞。奸臣們都附和着楊國忠弄虛作假，正直的大臣們十分氣憤，但敢怒而不敢言。玄宗越來越信任楊國忠，天寶十一年，李林甫一死，就提升楊國忠當了宰相。

**小知識**

①**禁衛軍參軍**：禁衛軍是保衛京都及宮廷的軍隊，參軍是幕僚，佐助人員。

②**京兆君**：京都的主要負責人，相當於現在首都的市長。

③**御史大夫**：相當中央最高監察官。

④**南詔國**：古國名，在今雲南省境內，以烏蠻為主體在唐代建立的奴隸制政權，歷傳十三王，被唐所滅。

# 楊貴妃之死

　　相傳楊貴妃並沒有在馬嵬坡被賜死，而是逃到了日本，說至今都有她的後代生活在日本，其實關於楊貴妃的結局有很多説法，有説安史之亂後唐玄宗回到長安，很想念她，便派人去馬嵬坡，想把她的屍體遷到長安厚葬，但是人們到了那裏挖開墳墓一看，裏面僅只有裙衫和一對繡花鞋，沒有屍體。由此便產生了兩種謠傳：

　　一是説監督處死楊貴妃的軍官是楊家的好友，他找了個宮女當替身代貴妃去死，派了幾個宮女護送貴妃向東逃，到山東的嶗山玉清宮當了道姑，但是太宗聽説此事後派人去找，卻遍找不獲。

　　另一種説法在日本較流行，説楊貴妃被親信護送出海，乘商船去了日本開始新生活。至今在日本有兩座貴妃墓和她的塑像。日本人認為她是美的化身，很尊崇她。

# 16. 蔑視權貴的李白

　　唐代鼎盛時期不僅國強民富，文化藝術也進入高峯，特別是詩歌創作，踏入歷史上的黃金時代。那時，凡是讀書人，幾乎沒有不會寫詩的。詩人輩出，如羣星燦爛，創作了大量優秀的詩篇，流傳至今的有五萬首。其中最著名的詩人是李白、杜甫和白居易。我們來看看李白的故事吧。

　　那年是天寶元年，也即公元742年，大詩人李白正在會稽一帶遊玩，忽有皇帝詔書來到，召他立即入京城長安。

　　李白簡直不敢相信這是真的。他把詔書看了又看，沒錯，是皇帝唐玄宗下的詔書，召他速速赴京。他興奮得不能自己。進京、朝見皇帝、擔任要職幹一番治國平天下的大事業，這是李白盼望多年的理想，沒想到這麼快就要實現了！他立即結束遊覽，回家收拾行裝，第二天一早就出發了。臨出門前他高聲吟唱：仰天大笑出門去，我輩豈是**蓬蒿**①人！

**小知識**

①**蓬蒿**：泛指野草。蓬蒿人是指生活在社會底層的平民百姓。

李白出生在碎葉城，五歲時跟隨經商的父親來到西蜀，在那裏度過青少年時代。他從小愛好文學，博覽羣書，學問很好；而且練得一手好劍，性格也豪爽，愛結交朋友。二十歲以後為了增長見識，他到各地去漫遊，先是遊遍蜀中的名勝古跡，後順長江一路遊玩，到過長安、洛陽、金陵、江都這些大城市，以及洞庭、會稽、廬山等名山勝地。雄偉壯麗的祖國山川培育了李白開闊的胸襟、豪邁的性格和對祖國濃烈的愛。他才智過人，生性高傲、有政治抱負，希望自己能像管仲、諸葛亮那樣為國家做一番轟轟烈烈的事業，但他不願像當時一般讀書人那樣，走科舉考試晉官的道路，他要靠自己的學問和品德一舉成名。他對當時官場上的腐朽風氣很不滿意，希望得到朝廷任用，讓他可以有機會施展政治才幹。

　　著名詩人賀知章曾經讀過李白的文章，大為欣賞，尤其是看了《蜀道難》後讚道：「這樣的詩真可以驚天地、泣鬼神啊！」他見過李白，見他氣宇非凡，說：「你大概是天上的**太白星**①下凡吧？」因此李白的別字就叫太白。

　　賀知章那時在朝廷做官，他對玄宗推薦李白，說

他是個天才，無論寫詩作文章都十分出色。唐玄宗也聽到過李白的名聲，就吩咐賀知章通知李白快些進宮。

那時的李白已經四十一歲了，但聽到玄宗召見，仍像個青年人一樣滿懷豪情來到長安。

唐玄宗在宮殿裏接見了李白，見他對答如流，確是很有才華，人又長得儀表堂堂，非常喜歡。他讓李白坐在七寶**御牀**②上，設宴招待他。玄宗發現湯太燙，還親自拿起湯匙為李白調羹。「御牀賜宴」、「御手調羹」被認為是一個知識份子很難得到的極大榮譽。

接見以後，唐玄宗就把李白留在翰林院做供奉，他的職責是為皇帝起草詔書，寫詩作文，供皇帝公卿欣賞助興。李白見玄宗沒有分派給他什麼主要公務，也不找他商談國家大事，而且難得有幾次召見。召見時，不

**小知識**

①**太白星**：中國古代把金星叫做太白星。是各大恆星中離地球最近的一顆星。

②**御牀**：一種四足矮榻，皇帝的坐臥用具。唐代人們日常起居大多是在各種牀榻上進行。牀，是室內最主要的傢俱，除了當作臥具外，也充當坐具，相當於現代的椅子。

是陪皇帝和貴妃游山玩水，就是讓他寫一些宮中行樂用的歌詞，這種生活離李白的理想太遠了，他不願做這種宮廷詩人，於是又陷入苦悶之中，整天借酒消愁。

李白本來就愛喝酒，常常喝得酩酊大醉，然後提筆寫詩。而且説也奇怪，他醉後寫詩竟特別流暢，筆下如行雲流水，一揮即就，醉中寫的詩特別浪漫特別美，所以人們也稱他為「醉仙」或「詩仙」。

一天，李白又喝得大醉，太監們來傳他進宮，怎麼也叫不醒他，只得用冷水澆他的頭，好不容易才把他弄進宮裏。李白醉眼朦朧地坐下，剛要提筆，發現自己還穿着靴子，覺得很不舒服，就把腿伸長了對站在身邊的一個年老宦官説：「脱靴！」

那個老宦官不是別人，是玄宗寵信的宦官頭子高力士。他平時仗勢作威作福，現在一個小小的翰林官竟

命令他脱靴，真是氣昏了，但是玄宗在旁，他也不好得罪李白，就忍着氣，跪着給他脱了靴，嘴裏説：「醉成這樣，真拿他沒辦法！」

那天是玄宗和貴妃在花園裏觀賞芍藥花，要李白寫幾首歌詞助興。李白酒還沒全醒，看到如雲似錦的一片芍藥，詩興大發，一氣呵成，寫了三首有名的《清平調》。玄宗馬上讓樂師演奏，自己吹笛相和，貴妃吟唱。李白的詞寫得文詞秀麗，節奏鏗鏘，玄宗十分滿意。李白看到皇帝只知玩樂，不顧國事，而自己不過是為他們享樂服務的工具，心裏十分悲哀。

高力士記恨在心，後來在楊貴妃面前挑撥説李白在詩中影射別人侮辱她，貴妃很生氣，就在玄宗前説李白的壞話，玄宗漸漸疏遠了李白。李白也厭惡宮內的靡爛生活，便辭了官。

李白離開長安後，重新過者自由自在的生活，有時隱居讀書、喝酒寫詩；有時周遊各地。後來安史之亂爆發，五十五歲的李白毅然加入了永王李璘的幕府，相輔佐永王平定叛亂，為國立功，但沒想到後來唐肅宗以謀反罪名殺了永王，李白也被牽連入獄，虧得大將郭子儀營救，才免了死刑，被判流放。李白帶着滿腔的憤

怒、不平和冤屈踏上流放之路。半路上，在四川白帝城得到赦免，就又開始了漫遊。

經過這些年的顛沛流離，李白十分窮困，公元762年他病倒在安徽當塗。十一月，便在貧困漂泊中結束了一生。

李白雖然一生不得意，未能實現自己的政治抱負，但他那些優美的詩篇，千百年以來一直被人傳誦。他的詩有豪放的氣概、豐富的想像和熱烈的感情，比喻生動，用詞淺白，藝術感染力很強。李白是中國歷史上一位偉大的浪漫主義詩人。

李白的這些絕句你一定很熟悉的，讓我們一起再來欣賞一下：

寫長江的浩渺無際：孤帆遠影碧空盡，惟見長江天際流。

寫黃河的奔騰咆哮、一瀉千里的景色：君不見黃河之水天上來，奔流到海不復回。

寫廬山瀑布的飛湍噴瀉：飛流直下三千尺、疑是銀河落九天。

寫西北高原的塞外風光：明月出天山、蒼茫雲海間。長風幾萬里，吹渡玉門關。

寫蜀道的奇險壯麗：蜀道之難，難於上青天……黃鶴之飛尚不得過，猿猱欲度愁攀援。

　　寫友情的：桃花潭水深千尺，不及汪倫送我情。

　　寫思鄉的：牀前明月光，疑是地上霜。舉頭望明月，低頭思故鄉。

　　最能表達他蔑視統治權勢、狂放不拘性格的是這幾句了：松柏本孤直，難為桃李顏。安能摧眉折腰事權貴，使我不得開心顏！

# 17. 安史之亂

從歷史中可見到，只要一國的君主變了質，這個國家就完了。

唐玄宗寵愛楊貴妃，重用她的堂哥楊國忠，自己沉溺在享樂生活中，忠奸不辨、是非不分，國事又很少過問，因此唐朝統治越來越腐敗，終於爆發了「安史之亂」的大禍，百年以來沒經過戰爭的百姓重又陷入了水深火熱之中。

安史之亂，是**節度使**①安祿山和他的大將史思明發動的一場叛亂，從公元755年到763年，延續了八年之久，給人民帶來了無窮的災難。

安祿山本是胡人，年輕時投奔到幽州節度使手下當兵。他為人殘暴、陰險，常常帶幾個騎兵跑到一些少數民族部落裏，施計殺幾個頭領回來報功請賞，又常

**小知識**

①**節度使**：守衛邊境軍鎮的長官叫節度使，起初只管軍事，後來也管行政和財政，權力很大，是和宰相地位相似的重臣。

常送禮賄賂朝廷派來的官員，所以被一步步提拔，最後當了平盧、范陽和河東三鎮的節度使，管轄着現在的北京、河北、山西和遼寧、山東、河南的部分地區，統率兵力十八萬多。當時唐朝的邊鎮軍隊一共只有四十九萬，安祿山一人就掌握了三分之一的兵力。

安祿山當了節度使後，常常搜羅珍禽異獸，珍珠寶貝送到宮裏討好唐玄宗。他知道玄宗喜歡邊境將領報戰功，就使出陰謀手段，誘騙平盧附近的少數民族將領來赴宴，在宴會上用藥酒灌醉他們，割了他們的頭來向玄宗報功。

他還使用一些低劣可笑的手法來討好唐玄宗和楊貴妃。安祿山長得矮胖，腆着個大肚子，説是有三百斤重，在玄宗面前裝出一副傻乎乎的樣子來逗樂玄宗。一次，玄宗指着安祿山的大肚子問他：「你這肚子裏裝着什麼？」

安祿山一本正經地回答：「沒有別的，只有一顆對陛下忠誠的心。」玄宗聽了很受用。

安祿山知道玄宗寵愛楊貴妃，雖然貴妃比他年輕很多，他不知羞恥地要貴妃為母親，做她的乾兒子。每次他來拜見玄宗時，竟先拜貴妃，再拜玄宗。玄宗問他為

什麼這樣，他說：「我們胡人是先母後父。」唐玄宗越覺得他憨厚可愛，叫楊氏幾個兄弟姐妹都認他作兄弟。

安祿山的心思果然沒有白費。公元750年，唐玄宗封安祿山為東平郡王，這是唐朝開國以來給胡人的最高爵位。玄宗還下令在京城為他造了一座跟王公貴族同樣華麗的府第。從此安祿山便隨便進出內宮，常常和玄宗貴妃一起飲酒作樂，像一家人一樣親熱。

安祿山看到唐朝政治上的腐敗和軍事上的虛弱，他那向上爬的慾望就發展成起兵奪權的野心。他提拔了史思明等一批猛將，撤下了不聽話的漢將，任用漢族士人為他出謀劃策，又從邊境各族降兵中挑選了八千壯士組成一支精兵，囤積糧草，準備武器，甚至還縫製了大批**緋袍、紫袍**①等官服，打算事成後給部下加官晉爵時用。

小知識

①**緋袍、紫袍**：中國古代官服。按等級用不同顏色。唐代時，三品以上官用紫袍。緋即是紅色。唐朝四品官用深緋袍，五品官用淺緋袍。

安祿山要叛亂的跡象漸漸引起人們的注意，一些大臣和節度使都多次提醒玄宗。楊國忠因為看不慣安祿山的取寵於玄宗，安祿山也看不起他，兩人早就有了矛盾。楊國忠也多次上奏玄宗，説安祿山要謀反。可是玄宗不相信，説：「安祿山這人，我推心置腹對待他，他哪能反叛我呀！我們東北邊境要靠他來鎮守呢！」

公元755年十月，經過了十年的周密準備，安祿山準備發動叛變了。正好有個官員從長安到范陽來，安祿山就假造了聖旨，召集將士宣布説：「接到皇上密令，要我馬上舉兵進京，討伐楊國忠。」將士們很吃驚，但誰也不敢説什麼。第二天一早，安祿山就帶領十五萬大軍在**范陽**①叛變，向南進軍，準備打到長安去，推翻唐朝，自己做皇帝。

河北平原上已有百年沒發生戰爭，軍隊戰鬥力銳減，連兵庫裏的兵器都長鏽了。因此當叛軍打來時，黃河以北二十四郡的文官武將，有的開城迎接叛軍，有的棄城逃走，有的被俘被殺，叛軍沒遇到什麼大的抵抗，很容易的佔領了這一大片地區。

叛亂的消息七天後才傳入長安。起初玄宗還不相信，後來一看形勢緊急，才匆忙調兵遣將，部署抵抗，但這批享受慣的軍隊哪裏是叛軍的對手？叛軍很快打過黃河，佔領了洛陽。安祿山在洛陽自稱大燕皇帝，任命大臣，委派官吏，建立了一個割據政權。

　　叛軍一路上燒殺搶掠，殘害百姓，無惡不作，激起了正直官員和廣大人民的強烈憤怒和反抗。最早挺身而出的是安祿山管轄下的**常山**②郡的太守顏杲卿（杲，粵音稿），和他的堂弟，平原太守顏真卿，他們分頭到各地聯絡郡縣共同討伐叛軍，結果黃河以北二十四郡中，有十七郡陸續**反正**③，殺掉安祿山的叛軍，重又歸順了朝廷。安祿山正指揮叛軍進攻潼關，此時不得不分兵來對付顏杲卿，穩固後方。

小知識

①**范陽**：約今北京市一帶。

②**常山**：即今河北正定。

③**反正**：敵方的軍隊或人員投到己方。

顏杲卿一方面還沒站穩腳跟，另一方面沒有援軍，激戰六天六夜後常山淪陷，顏杲卿被捕，送往洛陽由安祿山親自審問。顏杲卿在堂上大罵叛賊安祿山，被殘暴的安祿山下令勾斷了舌頭，用刀剮①死。

李光弼、郭子儀等唐朝大將也在黃河以北多次打敗安祿山的大將史思明等人，收復常山等十多郡。此時形勢對安祿山不利，他本想放棄進攻潼關，返回范陽，但昏庸的唐玄宗竟聽從了楊國忠的瞎指揮，強迫潼關守將冒險出擊，潼關失守，長安危在旦夕。

楊國忠勸玄宗逃到四川去。他們哄騙百姓説玄宗要親自出征討伐安祿山，當天晚上玄宗就帶着楊貴妃和她的兩個姐姐，皇子、公主、親信大臣等一大幫人悄悄西逃。一路上沒人送飯送茶，皇室人員只能啃些**高粱餑餑**②，睡在驛站，狼狽極了。第三天，他們來到一個叫**馬嵬驛**③的驛站，憤怒的士兵們鼓噪了，殺了禍國殃民的楊國忠，砍下他的腦袋示眾：又圍着玄宗要她交出楊貴妃嚴辦，以平民憤。玄宗無可奈何，只得令高力士絞死了貴妃。玄宗領着些人馬繼續奔逃到成都，太子李亨應百姓要求，帶了兩千將士到**靈武**④即位，就是唐肅宗。

安祿山攻進長安，讓叛軍搶劫三天。安祿山把皇宮的一些豪華排場都搬到洛陽供他享樂，過足了皇帝癮。第二年被他兒子派人殺死。

小知識

①剮：一小塊一小塊地割肉叫剮，是古代的一種酷刑。

②高粱餑餑：用高粱米做成的饅頭似的塊狀食物。高粱為一年生草本植物，葉和玉米相似，較窄，花序圓錐形，生在莖的頂端；子實紅褐色，供食用外，還可釀酒和製澱粉，桿可用來編蓆、造紙。

③馬嵬驛：今陝西省興平縣西北。

④靈武：今寧夏回族自治區靈武縣。

唐肅宗征調援軍，並向**回紇**①借兵，於公元757年九月收復長安，十月收復洛陽。史思明起初投降，第二年又起兵反唐，並一度攻入洛陽稱帝，但叛軍內部分裂，勢力削弱，幾個主要將領投降，史思明父子也先後死去。到公元763年，叛亂才告平息。

　　安史之亂是大唐王朝走向衰落的開始，它給人民造成巨大的災難。自此北方經濟衰落，而江淮地區未受安史兵禍，經濟發展逐漸超過北方。中國重心自此南移了。

**小知識**

①**回紇**：居住於西北草原的古代民族，維吾爾族人的祖先，也稱韋紇、回鶻、畏兀兒等。

# 18. 憂國憂民的杜甫

　　與詩仙李白差不多同時代的另一位唐代大詩人杜甫，他的遭遇也是令人唏噓的。杜甫的生活經歷和詩的風格與李白很不相同。他的幾千首詩較多反映了當時社會的其實情況，描述了國家的災難和人民的痛苦，是唐朝從強盛走向衰落的歷史的寫照，故被人們稱為「詩史」。歷代詩人都把杜甫的詩奉為學習典範，尊他為詩的聖人。我們來看看這位詩聖的一生吧！

　　有一年的冬天，在京城長安做**參軍**①的杜甫請了假，回老家去探親，天氣好冷啊，凜冽的北風呼號着，似刀子般刮得臉上好痛好痛。杜甫身上的衣服又破又單薄，完全抵禦不了嚴寒。他的手指全凍僵了，變得麻木無知覺，連根衣帶都結不好。雖然這樣，杜甫的心頭熱乎乎的充滿了喜悅——因為他就能與家人團聚，就要見到闊別已久的妻兒了。

　　杜甫回到了**奉先**②的老家，可是迎接他的不是妻兒

**小知識**
①**參軍**：參謀軍務的簡稱，中國古代諸王及將帥的幕僚。
②**奉先**：今陝西蒲城縣。

的笑臉，而是一片嚎陶痛哭聲。杜甫嚇壞了，不知家裏出了什麼事。後來他的妻子嗚咽着指給他看躺在牀上的小人兒——他的小兒子，竟因幾天沒食物下肚而餓死了！

　　杜甫感到一陣撕心裂肺般的痛苦，不僅因為痛失愛子，他想得更多。他，一個小京官，可以不交租稅不服徭役，但還是沒有一件像樣的冬衣，自己的兒子竟會餓死。那麼，一般老百姓的境遇不是更悲慘了嗎？他們的日子是怎樣過的呢？他想起了自己離開長安那天，經過驪山時聽見樂聲喧天，原來是唐玄宗正和楊貴妃在華清宮避寒，正在喝酒聽音樂取樂呢。兩下一對比，杜甫心中無比悲憤，當晚就提筆寫了一首長詩《自京赴奉先縣詠懷五百字》，揭露這種貧富懸殊的不平現象，詩中一句「朱門酒肉臭，路有凍死骨」成為千石流傳的名句。

　　杜甫出生在一個詩書世家，祖父是唐初的著名詩人杜審言，杜甫從小受家庭的薰陶，愛讀書寫詩，七歲時作《鳳凰詩》一鳴驚人。二十歲後他到江蘇、浙江、山東、河北一帶遊歷了很多名川大山，並寫下了「會當凌**絕頂**[①]，一覽眾山小」的名句打發遠大的志向。他在洛陽見到李白，雖然李白比他大十多歲，但是兩人很是

意氣相投，後來還一起漫遊，成了好友。

　　三十歲後，杜甫來到長安參加**進士**②考試，想憑自己的學問能為朝廷錄用，做一番事業，但是因為宰相李林甫忌才，怕讀書人做了官對他不利，那年竟勾結了考官，一個也沒錄取，騙玄宗說應考的人都很糟，又祝賀玄宗說有才能的人都已被朝廷聘用。奸臣竟如此猖狂！杜甫求進不得，流落在長安，生活困難，後來他再三獻賦給玄宗，總算得到賞識，做了個小官。

　　安史之亂爆發，長安一帶的百姓紛紛逃難，杜甫也隨着逃離長安。他聽到唐肅宗在武靈即位，就去投奔，誰知半途被叛軍抓去長安。他逃了出來，等他找到肅宗時身上穿着破衣爛衫，腳踏麻鞋，狼狽不堪。肅宗讚賞他的忠心，派他一個**左拾遺**③的官職。

**小知識**

①**絕頂**：最高的山頂，頂峯。

②**進士**：唐朝以科舉考試選官，讀書人參加殿試合格就成為進士，可以做官。

③**左拾遺**：唐代諫官名，也叫補闕，職責是對皇帝進行規諫，並舉薦人員。

左拾遺的職責是進諫，杜甫稟性忠厚，認真向肅宗進諫，反倒得罪了肅宗，終遭放逐。放逐期間他顛沛流離，耳聞目睹了戰亂與賦役給百姓帶來的災難和痛苦，一天晚上，他來到石壕村，投宿在一戶老農家。晚上正好差役來抓壯丁，老農翻牆逃了，老婆婆去應門，哭訴說她的三個兒子都被抓去打仗了，剛接小兒子來信說兩個哥哥已經死在戰場。家裏只有兒媳和一個吃奶的孫子，實在要抓人的話只好她自己去給兵士煮飯。差役真的抓走了她。杜甫就把這種淒慘的情景寫成敘事詩《石壕吏》。這段時期他一共寫了六首這樣的詩，合起來叫「三吏三別」，反映了安史之亂中人民的苦難，寄托了杜甫對下層百姓的深切同情。

　　在這段時期，杜甫為生活所迫，也曾挖野菜拾橡實充飢，砍山柴擺藥攤維持生計。後來關中鬧了一場大旱災，杜甫實在窮得很，帶了全家流亡到成都。

　　在親友的幫助下，杜甫在成都西郊的院花溪邊造了一座草堂，開闢了一塊荒地。在這風景優美的地方植樹栽竹、養雞種菜，與鄰居農民交朋友，生活雖然儉樸，心情卻很愉快，度過了四年舒心的隱居生活。

　　這一年的八月，秋風怒號，草堂頂的茅草被風捲

走了，一下雨，屋裏漏得沒一處乾地。在這難眠的長夜杜甫寫了著名的《茅屋為秋風所破歌》。詩中他希望「安得廣廈千萬間，大庇天下寒士盡歡顏，風雨不動安如山。」並表示為了能實現這理想，「吾廬獨破受凍死亦足」，即使只凍死他一人也心甘情願。這是多麼高尚的情懷，多麼偉大的精神境界啊！

後來，因為他的好友死了，在成都失去了依靠，杜甫只得又帶着全家向東流亡。他以船為家，吃野菜度日。公元770年冬天，五十九歲的杜甫，傑出的現實主義詩人，竟因貧困和疾病，死在湘江的一條小船上！人們為了紀念這位憂國憂民的偉大詩人，把他在成都住過的地方保留下來，名為「杜甫草堂」。

有人說喜歡李白詩的浪漫，杜甫詩的深沉。這兩位偉大詩人的背景和經歷有什麼異同？

相同之處：

- 李白（公元 701-762 年）和杜甫（公元 712-770 年）都在唐代的詩壇上佔有無人可及的崇高地位，李白被稱為「詩仙」，杜甫是「詩聖」；兩人被合稱為「李杜」。

- 兩人都有熾熱的愛國情懷，具有政治抱負，想把自己的才能效忠國家，做一番轟轟烈烈的事業。

- 兩人都曾在年輕時遊歷全國的名川大山、名勝古跡，壯麗的河山更開擴了眼界和胸襟，並寫下不少著名詩篇。

- 兩人都當了一陣小官，但因為人正直，都受到奸臣排擠，很不得志。

- 兩人的晚年都顛沛流離，生活貧困，在貧病交迫中結束一生。

- 杜甫比李白小十多歲，但兩人經歷相似、志趣相投，在洛陽相遇成為好友。有人說：杜甫對李白，顯出杜甫胸襟的寬大；李白對杜甫，顯出李白的單純和灑脫。

不同之處：

- 杜甫是河南襄陽人，現實主義詩人，他經歷了唐代由興盛到衰落的過程，憂國憂民，留下的一千五百多首詩篇中，很多涉及社會的黑暗和人民的疾苦，比較沉鬱，被譽為「詩史」。其中《三吏三別》，即《新安吏》、《潼關吏》、《石壕吏》及《新婚別》、《垂老別》、《無家別》六首。杜甫採用樂府詩體，通過對話或獨白刻畫人物的精神面貌，形象鮮明，是杜甫的名作。

- 李白是西域人，浪漫主義詩人，性格豪爽不羈，他留下一千多首詩，詩句豪邁奔放、想像豐富，表現自己的獨特個性，語言清新明快。「清水出芙蓉，天然去雕飾」他的這句詩是對自己詩詞語言的最佳形容。

　　說李白詩浪漫，杜甫詩沉鬱，也是比較恰當的描述。你又有何看法？

# 19. 郭子儀單騎退敵

我們平時常說：「老將出馬，一頂兩。」意思是說，富有豐富作戰經驗的老將軍一旦披甲上陣，其作用極大，一人可以頂兩人用。其實老將的作用何止如此！唐代就有一位年逾七十的老將軍，曾經在危急的時候單身深入敵營，憑他的機智勇敢和信譽退敵，**化干戈為玉帛**①。這件事在歷史上傳為美談。這位令人敬佩的老將軍是誰呢？

在平定安史之亂中，唐朝大將郭子儀曾立了大功。他很善於用兵，洛陽和長安第一次失陷後，都是他領兵收復的。因此，郭子儀的威望大增。他怕唐肅宗猜忌他，就主動提出解除兵權，回家閒住，甚至連手下的親兵親將他也遣散了。

公元762年唐肅宗死去，兒子李俶繼位，即唐代宗。當時唐朝邊境西北各鎮的軍隊都調去參加平叛，只留下一些老弱殘兵。公元763年，強悍的吐蕃趁唐朝西部邊境空虛，就糾集了幾個部落共二十萬人馬打了過來，一路沒遇到什麼抵抗，逼近了長安。代宗見長安危急，請郭子儀再次出馬平亂。

那時，郭子儀身邊已經沒什麼兵了，他也已是六十五歲的老人，但仍接受了任務出征。

他臨時招募了兩千騎兵，趕到咸陽。那時長安已經陷落，吐蕃兵在城裏大燒大搶。郭子儀派出將士在長安附近虛張聲勢，白天打旗晚上燃起火堆；又派人潛進城找了幾百名少年在大街上敲鼓叫道：「郭公帶了大軍來了，人多得數也數不清！」吐蕃軍很怕郭子儀的軍隊，搶了財物就退出長安。

過了一年，唐朝有個大將叫**僕固**②懷恩，仗着自己在平定安史之亂時立過功，就不聽朝廷的調遣，加上不滿朝廷給他的待遇，便糾合了吐蕃和回紇幾十萬大軍作亂，騙他們說郭子儀已被宦官殺死，沒有大將能抵抗。

**小知識**

①**化干戈為玉帛**：干戈，古代兵器，指打仗；玉帛，玉器和絲織品，古代諸侯會盟時互相贈送的禮物。此句比喻和平友好，不交戰。

②**僕固**：複姓。僕固家族是中國北方古代部落民族鐵勒族的九大姓之一，其實本名僕骨，因發音誤傳成為僕固。

想不到僕固懷恩在攻長安的半路上得急病死了。回紇和吐蕃大軍繼續進攻，一直打到長安北邊的**涇陽**①，包圍了起來。

　　長安再次受到威脅，朝廷上下震動。大臣們認為，要打退回紇和吐蕃，只有靠郭子儀。

　　當時郭子儀正鎮守涇陽，但他手下只有一萬多軍隊，形勢很不利。他認為敵眾我寡，不能硬拚，就一面吩咐將士修築防禦工事，不許跟敵人交手；一面派探子去偵察敵情。

　　根據偵察到的情況，郭子儀知道回紇和吐蕃兩支軍隊在鬧矛盾。僕固懷恩一死，他們誰也不聽誰的指揮，兩家軍隊已經分開了。郭子儀就決定徹底拆散他們的聯盟。回紇的將領以前跟郭子儀一起合作打過安史叛軍，有點交情，郭子儀就想先把回紇將領拉過來。

　　當天晚上，郭子儀派他的部將李光鑽偷偷到回絕的大營去見首領藥葛羅，對他說：「郭公叫我來問你，回紇和唐朝本來友好，為什麼要聽壞人的話來進攻我們呢？」

　　藥葛羅驚訝地問：「郭公還活着？聽說他早給人殺死了。」

李光瓚告訴他，郭公就在涇陽。藥葛羅不相信，說要是郭公真在這裏，就請他親自來見見面。

　　郭子儀聽後立即決定親自到回紇軍營去一次，勸說回紇退兵。將領們都覺得這樣太危險，勸他別去，郭子儀一定要去。有人提出挑選五百名精銳騎兵給他作護衞，以防不測。郭子儀說：「不行！帶這麼多兵去會引起回紇懷疑，反會壞事。」

　　說着，郭子儀騎上馬準備出發，他的兒子急得攔住馬說：「回紇人狠如虎狼，您現在是元帥，不能去冒險啊！」

　　郭子儀說：「現在兵力懸殊，打起來的話不但我們父子的命難保，國家也危險。我去對回紇把利害說清楚，以誠相待，也許會成功。假如我出了事，還有你們呢！」說完，他用鞭子打了一下兒子的手，騎馬走了。

　　郭子儀帶了幾名騎兵出了城，向回紇的大營走去。兵士們一邊走一邊喊：「郭公來了！郭公來了！」

**小知識**

①涇陽：今陝西省咸陽地區，位於陝西省的中部，涇河之北，故稱涇陽。

回紇將領們聽說郭公來了，都大吃一驚。藥葛羅命令兵士們擺開陣勢，他自己彎弓搭箭站在陣前，看看唐軍是不是欺騙他。

　　郭子儀遠遠看見這場面，他就乾脆脫下盔甲，把槍放在地上，騎着馬緩緩向前走去。

　　藥葛羅和將領們定睛看清楚來人真的是郭子儀，就一齊翻身下馬，向郭子儀跪拜行禮。

　　郭子儀也趕快下馬把他們扶了起來。他拉着藥葛羅的手親切地説：「回紇為唐朝立過大功，唐朝待你們也不薄，為什麼要跟叛將幫吐蕃來侵犯我們呢？」然後他又態度嚴肅地說：「我今天來就是要你們懸崖勒馬。我單身來，就是準備被你們殺掉，可是我的將士一定會和你們死戰到底的！」

　　藥葛羅聽了，又慚愧又後悔，他抱歉地説：「郭公別那麼説！我們受了僕固懷恩的騙，以為皇帝和郭公都已去世，中原沒有了主子，所以才敢跟他發兵。如今知道郭公在這裏，天子仍在長安，我們怎麼還會跟您作戰？」

　　郭子儀約回紇軍和唐軍一起打退吐蕃，藥葛羅很爽快地答應了：「行！我們一定替郭公出力，好向唐朝

謝罪。」

　藥葛羅吩咐手下拿酒來，兩人灑酒在地宣了誓，雙方訂立了盟約。

　吐蕃聽到消息，害怕唐軍和回紇聯合進攻，連夜帶軍逃走了。唐軍和回紇軍追擊上去，打敗吐蕃軍，救回了被掠走的幾千唐朝百姓。

　郭子儀單身匹馬入敵營，是需要多大的膽識和勇氣啊！

# 20. 大書法家殉國

安祿山在范陽起兵叛亂那時，河北各郡大都被叛軍佔領，只有平原城因為太守堅決抵抗，沒有陷落。後來平原太守和常山太守聯合反對叛軍，河北二十四郡中有十七郡響應，推平原太守為盟主，聚兵二十萬抗敵，使安祿山首尾不能相顧。這時，唐玄宗高興地驚歎：「那平原太守是何許人也，竟能做到這些！」這位堪稱中流砥柱的平原太守，便是人們熟悉的大書法家顏真卿，當時四十六歲。

顏真卿出生於一個士大夫家庭，世代擅長書法藝術，精通文字學。他在玄宗以後的四個朝裏做過節度使、尚書等高官，被代宗封為魯郡公，所以人們又稱他為顏魯公。

你在練習寫毛筆字時，可能臨摹過顏體的字帖。不知你還記得那有「**蠶頭燕尾**①」筆畫特徵的顏真卿楷書嗎？那字體氣勢雄渾、形體敦厚、方嚴正大，很有特色，是練書法的學生必修的字體。字也如其人，顏真卿的書法反

蠶頭　　　　　燕尾

映出他的為人。顏真卿一生正是剛正不阿、忠貞不渝、寧死不屈，他是一位鐵骨錚錚的好漢。

常山太守顏杲卿是顏真卿的堂哥。顏杲卿被安祿山殺害後，顏真卿在平原困守了一段日子，後由於兵力單薄，被迫放棄郡城，繞道去投奔唐肅宗，以後一直在朝裏做官。因為他為人正直，個性剛強，辦事公正，厭惡阿諛奉承，得罪了幾個掌權的宰相，受到排擠誣陷，最後當了太子太師這種地位高而沒實權的官。

安史之亂後，唐朝走向衰落，各地節度使乘機割據地盤，擴大兵力。公元780年代宗死後，兒子李適即位，就是唐德宗。德宗想改變藩鎮割據局面，結果引起了叛亂。公元782年，有五個藩鎮叛亂，其中淮四節度使李希烈兵勢最強，他自稱天下都元帥，四出掠奪，打到了東京洛陽附近，朝廷大為震驚。

**小知識**

①**蠶頭燕尾**：指寫毛筆字時，橫豎筆畫的起端圓潤如蠶的頭部，捺筆結束時先着力頓挫，再輕挑出尖，使捺的末端略略分叉好似燕子的尾巴，這顯示筆力的強勁。

宰相盧杞是個心狠手辣的人，他一向妒忌顏真卿的威望高，平時沒法下手除掉他，這下機會來了，盧杞對德宗說：「不要緊，只要派一位德高望重的大臣去勸導他們，不用動一刀一槍，就能平息叛亂。」

　　德宗問他派誰去合適，盧杞就推薦太子太師顏真卿，這時顏真卿已是七十四歲的老人了。有些正直的大臣看出盧杞借刀殺人的陰謀，勸說德宗別這樣做，德宗不聽。顏真卿卻不在乎，帶了幾個隨從就去淮西了。

　　李希烈聽說朝廷派顏真卿這位元老大臣來，便想趁機拉攏他為自己出力，就安排好先給他一個下馬威。

顏真卿帶着隨從官員來到汝州，立即向李希烈宣讀唐德宗的詔書。李希烈安排他的部將和養子帶了一千多人聚集在廳堂內外，個個拔刀橫目，氣勢洶洶。詔書剛讀完，李希烈的養子們就持刀衝了上來，向顏真卿又是謾罵又是威脅，亮着明晃晃的尖刀，擺出要殺他的架勢。顏真卿站在堂上巍然不動，面不改色，神態自若，只是朝着他們冷笑。

　　李希烈見這招不靈，就假惺惺站起身來用自己身子護着顏真卿，揮手叫眾人退下，然後把顏真卿送到驛館裏，企圖慢慢軟化他。

　　不久，其餘四個叛鎮派使者來到汝州，勸李希烈即位稱帝。李希烈喜出望外，大擺宴席招待這幾位使者，也請顏真卿參加。

　　四個使者見到顏真卿來了，便向李希烈道賀說：「我們早聽說顏太師是位德高望重的老臣，現在正巧你要即位稱帝，這不是老天爺給您派來了最好的宰相嗎？」

　　顏真卿立即厲聲斥責道：「什麼宰相不宰相！我快八十歲了，要殺要剮都不怕，難道會受你們的威脅利誘？」四名使者被顏真卿的凜然神色嚇住了，一句話也

答不上來。

李希烈拿他沒辦法，就把他關押起來，叫兵士們在院裏挖了個一丈見方的土坑，揚言要把他活埋在坑裏。第二天李希烈來看看效果如何，顏真卿輕蔑地說：「我的生死全在你手裏，何必要這些花招，把我一刀砍了豈不痛快！」

顏真卿知道自己的日子不長了，便給德宗寫了一封遺書，又為自己作了墓誌和祭文。他指着西牆對周圍的人說：「我死了之後，就在這裏把我葬了吧！」

公元784年初，李希烈攻下汴州，自稱楚帝，又派部將去逼顏真卿投降。他們在院子裏堆了柴火，澆足了油，點起了熊熊烈火，然後威脅顏真卿說：「你再不投降，立刻把你燒死！」

顏真卿毫無懼色，立刻就向火堆撲過去。叛將不敢真的燒死他，忙把他拉住。

後來唐朝平叛的軍隊取得節節勝利，李希烈覺得形勢危急，就派人勒死了顏真卿，那年他七十六歲。

# 21. 甘露之變

　　你別以為做皇帝的身為一國之主，凌駕於萬人之上，一定是掌有至高無上的權力，威風十足的。其實，歷史上有很多皇帝雖然高坐寶座，身披龍袍，實權卻是掌握在身邊的幾個**宦官**①手中。身不由己，名不副實。唐代後期的情況正是如此。

　　安史之亂帶來了大惡果：藩鎮割據和宦官專權。由於皇帝昏庸腐化，治國無能，就使朝廷內宦官的勢力大了起來。宦官依靠武力作後盾飛揚跋扈，為所欲為。唐代從第十四代起一連七位皇帝的繼承或廢除都是由宦官決定的！宦官成為唐朝的實際統治者，皇帝成了傀儡。有些皇帝和大臣不甘心受宦官擺佈，不斷與宦官進行鬥爭。唐文宗時就有那麼一次激烈的交鋒。

　　唐文宗的祖父憲宗、哥哥敬宗都死於宦官手上，他父親穆宗和他自己都是由宦官擁立才當上皇帝，所以文宗深知宦官專權的危害，想鏟除這種勢力。

**小知識**
①**宦官**：君主時代宮廷內侍奉帝王及其家屬的人員，由閹割後的男子充任，也叫太監。

**大和**①二年，即公元828年，文宗舉行了一次「賢良方正」科的考試，向考生提出一些有關國家大事的問題，要他們發表意見，被錄取的人可以擔任比較重要的官職。一百多名考生中有一位叫劉蕡的讀書人，寫了洋洋五千字的**對策**②，把宦官的危害、朝政的弊病揭露得淋漓盡致，同時提出要國家安定就應該排斥宦官，把政權交給宰相，兵權交給將帥。考官們都誇這篇文章寫得好，可是為了怕得罪宦官，誰也不敢錄取劉蕡。

　　唐文宗要除掉宦官的決心越來越大，他暗暗在朝廷裏尋找可以依靠的力量。

　　有一次，唐文宗生了病，急於找醫生。正好大宦官王守澄手下有個官員叫鄭注，精於醫道，王守澄就把他推薦給文宗治病。文宗服了鄭注開的藥，病一天天好起來，非常高興；又發現鄭注口才很好，是個有才幹的人，便把他提拔為御史大夫。

　　鄭注想找個幫手，便把自己的一個朋友李訓推薦給唐文宗。李訓本是個懷才不遇的小官員，見了文宗後也得到了文宗的信任，後來還被提升為宰相。文宗和他們倆朝夕在一起談論國家大事，談得很投機。他們向文宗獻策說：先要除掉宦官，才能幹別的大事。文宗就把

這事托付給他倆辦。

　　鄭注和李訓決定利用宦官間的矛盾，來把他們逐一消滅。他們要文宗先處死了王守澄的死對頭，趁王守澄還在得意之時，卻把王守澄手下的一個宦官仇士良提升上來，立刻解除了王守澄的兵權。這一招確是厲害，把王守澄弄得暈頭轉向，啞巴吃黃連，有苦說不出。

　　一不做二不休。唐文宗派使者拿了瓶毒酒賜王守澄死。這個作惡多端的宦官大頭目，就這樣被除掉了。反宦官鬥爭取得了第一步的勝利。

　　下一步就是要消滅仇士良和其他宦官了。他們聯絡了禁衞軍將軍韓約，打算用內外夾攻的辦法，一舉消滅宦官。原本商定好是在王守澄下葬的日子，趁宦官們都去葬地的機會，由鄭注帶領親兵前去一網打盡，為此鄭注就到外地去準備兵力。

**小知識**

①**大和**：是唐文宗的年號，公元 827 年開始。

②**對策**：考試時，皇帝把問題寫在策上，策就是冊，
　　　　　叫做「策問」；回答問題的人也把意見寫在
　　　　　策上，叫做「對策」。

可是李訓一直妒忌鄭注，怕事成後鄭注立功得勢，所以他約了韓約等人秘密制定了另一計劃，提前行動了。

公元835年十一月的一天，唐文宗上朝的時候，韓約上殿啟奏，説禁衞軍大廳後院的一棵石榴樹上，昨天夜裏降了甘露。

李訓當即帶領文武百官向文宗稱賀，恭維説是由於皇帝的英明，上天才顯此吉兆，並請唐文宗親自到後院觀賞甘露①。

文宗同意，就坐轎到了禁衞軍大廳。文宗叫宰相李訓先帶些官員去看看。李訓等人到院子裏兜了一圈，回來説：「我們仔細看過，恐怕不是真的甘露，請陛下派人復查。」

唐文宗就命令仇士良帶領宦官們去驗看，仇士良叫韓約陪着一起去。走進後院後，沒想到韓約內心害怕，神情緊張，臉色發白，汗流不止。仇士良見了很奇怪，問道：「將軍怎麼啦？」韓約結結巴巴答不上來。

仇士良起了疑心。正在此時，一陣風吹來，吹動了門上掛的布幕，仇士良發現布幕裏埋伏了不少手拿武器的士兵。

仇士良見了大吃一驚，趕快退回到文宗那裏報告説出了事，要他趕快回宮。李訓立刻命令埋伏的士兵趕上去，但是仇士良已和宦官們把文宗架上轎，抬起就走。

　　李訓抓住轎子不放，等候在門外的幾百名士兵衝了進來，對宦官們又砍又打，殺傷了十幾人。一個宦官發急了，朝李訓胸口猛擊一拳，把他打翻在地。仇士良就叫宦官們把文宗抬進內宮去了。李訓見事情失敗，便向一個小吏討了一件舊衣服，化裝逃走了。

　　仇士良打起「討伐賊黨」的口號，派親信帶領士兵先在城裏屠殺一些參加預謀的官員，又派出一千多騎兵追捕逃亡的人，李訓在途中被捕，自殺了。鄭注正帶兵進京，得到消息後想退回，被仇士良下令把他那一千人的部隊全部殺了。

　　甘露之變説明朝廷內宦官的勢力實在太大了。根深蒂固，盤每交錯，朝廷已無力除掉也門。這一大禍害一直延續了一百多年，直到唐朝滅亡。

小知識
①甘露：即甜美的露水，古人迷信，認為降甘露是好兆頭，天下就會太平。

# 22. 衝天大將軍黃巢

唐朝末期，經過藩鎮混戰和宦官專權，朝政越來越混亂。唐宣宗雖說較精明，也不能改變此局面。宣宗之後的懿宗、僖宗只顧尋歡作樂，腐敗到了極點。皇室、官僚和地主加緊對農民的剝削，稅收越來越重，加上連年水災、旱災和蟲災，造成遍地饑荒，百姓到處逃亡，實在忍不下去了。

公元869年，陝州旱災嚴重，租稅絲毫沒減少。農民向觀察使崔蕘請求免交租稅，崔蕘指着庭院裏的**槐樹**①說：「樹上還長着那麼綠的葉子，哪有什麼旱災！」還叫衙役棒打災民。災民們忍無可忍，搗毀了公堂，趕走了崔蕘。這只是一個小例子。

農民起義當時已在山東、四川、湖南、山西、陝西等地此起彼伏地發生。懿宗即位那年，浙東地區爆發了裘甫領導的農民起義，起義軍由一百來人發展到三萬，堅持鬥爭八個月。這是唐末農民大起義的前哨戰。

過了八年，駐守在桂林的八百名徐州籍士兵駐防期滿，但上級一再延期不換防，他們就發動兵變。隊伍從桂林向北，打回老家徐州，沿途農民紛紛響應，發展

成二十萬人的農民起義軍隊伍。後來他們都參加了黃巢起義軍。

這些零星起義雖然都被朝廷鎮壓了下去，但是百姓的反抗情緒越來越高，更大規模的起義在醞釀着……

那時鹽稅特別重，加上奸商抬高鹽價，百姓買不起鹽只好不吃，有些貧苦農民就冒險結伴販賣私鹽，日子一久，結成了一支支販私鹽的隊伍，湧現了一些領袖性人物。

公元874年，也即僖宗即位那年，**濮州**②地方的鹽販首領王仙芝與尚讓兄弟，率領幾千農民在**長垣**③起義。王仙芝自稱天補均平大將軍，發表**檄文**④斥責朝廷奸臣亂政，賦稅繁重，貧富不均。起義軍攻下曹州和濮州，發展到幾萬人。接着，**冤句**⑤鹽販黃巢和他的兄弟等八人，率領幾千農民在曹州起兵響應。

小知識

①**槐樹**：落葉喬木，羽狀複葉，花淡黃色，結莢果，
　　　　圓筒形。花和果實可製黃色染料，花、果及
　　　　根上的皮可入藥。

②**濮州**：今山東省濮縣東。

③**長垣**：今河南省長垣縣。

④**檄文**：古代用於曉諭、征召、聲討等的文書，特指
　　　　聲討敵人或叛逆的文書。

⑤**冤句**：今山東菏澤縣西南。

黃巢從少年時起就販賣私鹽，走南闖北，見多識廣。他小時讀過書，擅長騎馬射箭，好結交江湖好漢，濟困扶危。他曾經到京城長安去參加進士考試，沒有錄取。在長安看到朝廷的腐敗和黑暗，心中十分氣憤，產生了反抗的思想。

　　王仙芝和黃巢兩支起義隊伍匯合後，由王仙芝統帥，轉戰山東、河南、湖北一帶，攻下許多州縣，聲勢越來越大。朝廷下令各地鎮壓，但各地割據政權都害怕和起義軍交鋒。

　　硬的不行，就來軟的，朝廷派宦官去見王仙芝，封他一個官銜。王仙芝聽得有官做，動了心，表示願意接受。

　　黃巢知道這消息後大怒，他帶了一羣起義將士去找王仙芝，狠狠地責備他：「起初大家立過誓，要同心協力平定天下。現在你去做官，起義的弟兄們往哪裏去？」說罷揮拳朝王仙芝劈頭蓋腦打過去，打得他滿臉是血。起義軍其他將士也紛紛指責王仙芝。王仙芝自知理虧，只好認錯，沒有接受官職。

　　兩位領袖意見不合，起義軍就分裂了。黃巢決定跟王仙芝分兩路進軍。王仙芝向西，黃巢向東。王仙芝

與尚讓等人率軍攻破一些州縣，其間他曾七次向唐朝統帥要求投降，沒被接受，最後被唐軍打得大敗，犧牲了幾萬人，王仙芝本人也被殺死。

黃巢率領另一部分起義軍轉戰山東、河南一帶。王仙芝敗死後，尚讓率領殘餘部隊投奔黃巢，大家推黃巢為王，又稱衝天太保均平大將軍。在「**衝天**」、「**均平**①」旗號的號召下，起義軍又壯大起來，開始了大規模流動作戰和勝利發展的階段。

當時，官軍在中原地區力量較強，準備在洛陽附近集中兵力圍攻起義軍。黃巢看出官軍企圖，就決定到官軍兵力較弱的南方去發展。他帶軍順利渡過長江，打進浙東，一路上勢如破竹，接着就向福建進軍。在浙閩交界處，綿延二百多里、海拔一千五百米的仙霞嶺擋住了去路，起義隊伍就劈山開路，一個月之內修通了七百里山路，這條路至今仍是浙閩山區的重要通道。

**小知識**

① 「**衝天**」、「**均平**」：在此「衝天」是表示要推翻唐朝統治的意思；「均平」就是要割富濟貧，均分財富。

經過一年多的戰爭，公元879年，起義軍由福州到了廣州，佔領了這個南海重鎮。這時部隊已發展到五十萬人，本來打算好好休整一下，但是嶺南地區發生瘟疫，黃巢就決定北伐，要直搗長安。

公元880年七月，起義大軍渡過長江，又打敗了官軍堵截，渡過淮河。黃巢通知各藩鎮：「我大軍將西攻長安，向朝廷問罪，跟你們無關，不得阻撓。」諸鎮哪敢反抗。起義軍如入無人之境，迅速佔領了洛陽。消息傳到長安，年幼的唐僖宗嚇得只知道對着大臣哭。

公元881年正月，六十萬起義軍挺進到**潼關**①城下，漫山遍野都是起義軍的旗幟，一眼望不到邊。尚讓從一條山谷裏的小道繞到關後，兩面夾攻，攻破了潼關。

潼關丟失，朝廷一片驚慌。宰相盧攜服毒自殺，小皇帝僖宗帶着幾個宦官和妃子狼狽逃往成都，來不及逃走的官員出降。

當天下午，黃巢坐着金色轎子，在眾將士的簇擁下進入長安城。戰士們散發財物給老百姓，大將尚讓安撫百姓説：「黃王起兵，本來就是為拯救百姓，不會像姓李的那樣虐待你們，從今以後你們可以安居樂業了！」

一月十六日，黃巢在長安大明宮即位稱帝，國號

大齊。起義軍自廣州北上到佔領長安，只用了一年又三個月的時間。

佔領長安是黃巢七年起義的勝利頂點，卻又是起義軍轉入防禦，最終失敗的起點。

黃巢起義軍長期流動作戰，對佔領過的地方都沒有派軍駐守。進入長安後雖然打擊了皇族和大官僚，但是沒有乘勝追擊西逃的僖宗皇帝，也沒有去消滅關中地區的藩鎮勢力和全部禁軍，這樣就給了敵人喘息的機會。

沒多久，唐王朝調集各路兵馬包圍長安，長安城裏的糧食供應緊張，在起義軍最困難的時候將領朱溫又叛變投向了唐王朝。唐王朝召來四萬騎兵進攻，起義軍內無糧草，外無援軍，只好撤出長安。

黃巢帶領十五萬起義軍退到河南，攻打陳州三百天，遭到巨大損失，又受到官軍的圍攻和追擊。一些將領看到大勢已去，陸續向官軍投降。公元884年夏天，

小知識

①潼關：今陝西省渭南市潼關縣，是古代著名關隘之一，形勢險要。

黃巢和兩個兄弟在官軍追逼下退到泰山狼虎谷，被官軍殺死。

　　這次大起義雖然失敗，但是十年之間，農民起義軍從北到南，又從南到北，轉戰於黃河、淮河、長江及珠江流域，勢力擴及到十二個省，沉重打擊了封建統治王朝，唐朝的滅亡是無可避免的了。

# 23. 大唐王朝的沒落

　　黃巢起義被鎮壓後，唐僖宗回到長安。此時唐王朝政權已經名存實亡——各地藩鎮在鎮壓起義過程中擴大勢力，爭奪地盤，成為小小的割據力量，根本不把朝廷放在眼裏；朝廷內部，宦官們依然把持着朝政大權，橫行霸道。皇帝大臣和宦官之間鬥爭不斷，又借來了藩鎮勢力，盛極一時的大唐王朝就在這些錯綜複雜的爭鬥中，一步步走向滅亡。

　　僖宗死了以後，宦官立他的弟弟作皇帝，就是昭宗。昭宗想擺脫宦官的控制，就和朝中大臣聯手，與宦官展開了一場錯綜複雜的鬥爭。

　　唐昭宗和宰相崔胤先除掉了兩個驕橫跋扈的大宦官。這下宦官們有些怕了，統領禁軍的劉季述、王仲先等四大宦官暗中商量要殺昭宗。這年十一月，昭宗打獵回宮，醉意朦朧中殺了幾個伺候他的人，第二天上午劉季述帶兵進宮，對宰相崔胤說：「皇上幹出這種事來，怎能繼續治理天下？這樣的昏君應該廢掉！」

　　崔胤怕吃眼前虧，不敢說不同意。劉季述就布置了禁軍，召集了百官，用宰相名義寫了道奏折，請求

太子**監國**①，迫大家簽了名。然後拿着這奏折去找昭宗說：「陛下對寶座已經厭倦了是吧？大臣們都要請太子監國，請您到東宮去吧。」

昭宗剛被驚醒，一聽是要他讓位，央求說：「昨日喝醉酒誤殺了人，是太過分，但也不至於這樣對我呀！」站在一旁的何皇后怕他們殺昭宗，趕快取出傳國大印交給劉季述。劉季述把昭宗、皇后和幾個侍從軟禁了起來，然後假造詔令要太子來監國，昭宗作太上皇；又在宮裏殺了昭宗的弟弟和侍奉昭宗的很多宮人。

崔胤見事態嚴重，便偷偷寫了封信給大軍閥朱全忠，要他出兵來救昭宗。朱全忠原來就是黃巢起義軍裏投降了朝廷的大將朱溫。僖宗任命他為宣武節度使，坐鎮大梁，改名為朱全忠。朱全忠領兵鎮壓起義軍立了功，也趁機擴大了自己的兵力，成了個大軍閥。

他接到崔胤的密信後，立即派親信去長安，和崔胤密談除掉宦官的辦法。有了朱全忠作後盾，崔胤就壯了膽，找了個禁軍頭目合作，殺了劉季述等四個橫行一時的大宦官和他們的餘黨，把唐昭宗復了位。

一些漏網的宦官就投靠另一個勢力較大的藩鎮李茂貞，把昭宗劫持到鳳翔。崔胤只好再次向朱全忠求

救，朱全忠帶兵進攻鳳翔，圍了兩個多月，最後城裏斷了糧，又遇到下大雪，凍死餓死的人不計其數。昭宗起初還能喝些稀粥和湯餅，後來實在沒東西吃了，李茂貞只好殺了兩個宦官頭子，跟朱全忠講和。

朱全忠進了鳳翔城，把剩下的四、五十個宦官也全部殺死，還下令搜捕和殺死退休在外地的九十個宦官。他把昭宗帶回長安後，又派兵把原來留在宮裏的幾百個宦官統統殺死，還要昭宗下令地方上搜捕和殺死出使在外地的宦官。

唐朝的宦官作惡一百多年，這次被朱全忠殺了個精光，而唐朝政權也從此從宦官手裏落到野心勃勃的軍閥朱全忠手裏，昭宗的日子更不好過了，名義上是皇帝，卻沒有一點實權不是被宦官控制，就是被朝臣掌握，如今又落到了野心勃勃的軍閥之手。今天被軟禁，明天被劫持，現在又被未全忠強迫着遷都洛陽。離開長安時，朱全忠派人把長安的宮殿、官府和民屋全部拆

小知識
①監國：皇帝活着時就準備傳位給太子，太子在即位以前行使皇帝的權力，叫做監國。

光，把材料運到洛陽去；並逼迫長安的官吏和百姓一起搬到洛陽。長安百姓扶老攜幼，在兵士的驅趕下哭哭啼啼上路，個個痛罵禍國殃民的叛賊朱全忠。

朱全忠為了掃除自己稱帝路上的障礙，先後殺了宰相崔胤和昭宗，立十三歲的皇太子為帝，就是唐昭宣帝。到了公元907年三月，才用禪讓的方式逼昭宣帝讓了位，朱全忠正式稱帝，改國號叫梁。

唐朝立國二百八十九年，經歷了二十個皇帝，到此宣告滅亡。從此中國又陷入四分五裂的局面。中原地區相繼出現後梁、後唐、後晉、後漢、後周五個短期王朝，共歷時五十三年，歷史上稱作**五代**①，從公元907年到960年。大約與此同時，在南方分別建立了前蜀、吳、閩、吳越、楚、南漢、南平、後蜀、南唐九個王朝，加上北方的北漢，歷史上稱作十國。這個大分裂，是唐朝後期藩鎮割據的繼續和發展。

五代十國時期的一大特點是：爭權奪利的鬥爭反覆進行，十幾年或不到十年就改朝換代，就是皇室內部也互相殘殺，子殺父，弟殺兄，都屢見不鮮。後唐的太原節度使石敬塘甚至屈膝勾結契丹貴族滅了後唐建後晉。

割據政權的殘暴統治和連年戰禍頻繁，加上契丹貴族的南下掠奪，使社會經濟受到很大破壞，給各族人民尤其是中原地區人民，帶來深重的苦難。相比之下，南方因遠離戰火，比較安定，生產有所發展，中國的經濟重心進一步南移。

　　五代十國後期，中原的後周出現了比較能幹的君主，統一的大事最後由後周人來完成。

**小知識**

①**五代**：為了和以前的同名朝代相區別，歷史上通常稱這幾個王朝為後梁、後唐、後晉、後漢和後周。

# 大事表

| 大唐 | |
|---|---|
| 公元581年（陳太建十三年、隋開皇元年） | 楊堅滅周，建立隋朝，稱隋文帝。 |
| 公元582年（陳太建十四年、隋開皇二年） | 隋建新都大興城。 |
| 公元589年（隋開皇九年） | 隋滅陳，統一中國。 |
| 公元605年（隋大業元年） | 楊廣殺父自立，是為隋煬帝。同年至公元611年，修建大運河。 |
| 公元611年（隋大業七年） | 長白山農民起義。 |
| 公元617年（隋大業十三年） | 李淵父子太原起兵反隋。 |
| 公元618年（隋義寧二年、唐武德元年） | 煬帝被殺，隋亡。李淵稱帝，改國號為唐。 |
| 公元626年（唐武德九年） | 玄武門之變，李世民殺兄建成、弟元吉，迫李淵退位。唐太宗登位。 |
| 公元628年（唐貞觀二年） | 玄奘法師赴天竺遊學取經。 |
| 公元630年（貞觀四年） | 唐滅東突厥，太宗被尊為「天可汗」。 |
| 公元641年（貞觀十五年） | 唐文成公主入藏嫁吐蕃。 |

| | |
|---|---|
| 公元645年（貞觀十九年） | 玄奘回長安。 |
| 公元649年（貞觀二十三年） | 太子李治繼位，是為唐高宗。 |
| 公元657年（唐顯慶二年） | 西突厥滅亡。 |
| 公元683年（唐弘道元年） | 高宗死，中宗繼位。 |
| 公元684年（唐嗣聖元年） | 武則天廢中宗，改立李旦為睿宗，臨朝執政，李敬業等舉兵反抗失敗。 |
| 公元690年（唐嗣聖七年） | 武則天廢睿宗稱帝，改國號為「周」。 |
| 公元705年（唐神龍元年） | 武后死，中宗復位，恢復國號「唐」。 |
| 公元710年（唐景雲元年） | 韋后毒殺中宗，睿宗父子起兵殺韋后，睿宗復位。 |
| 公元712年（唐先天元年） | 睿宗傳位太子隆基，是為玄宗。 |
| 公元713年（唐開元元年） | 開元之治開始。 |
| 公元716年（開元四年） | 唐玄宗命姚崇滅蝗。 |
| 公元727年（開元十五年） | 吐蕃攻陷瓜州（甘肅）。 |
| 公元730年（開元十八年） | 唐與吐蕃議和。 |
| 公元736年（開元二十四年） | 李林甫為宰相。 |
| 公元742年（唐天寶元年） | 玄宗改元天寶，逐漸荒廢朝政。 |
| 公元745年（天寶四年） | 回紇滅突厥。 |
| 公元755年（天寶十四年） | 安祿山在范陽起兵叛亂，攻陷洛陽。安史之亂開始。 |

| | |
|---|---|
| 公元756年（唐至德元年） | 安祿山稱大燕皇帝，佔長安，玄宗逃往成都。太子李亨在靈武（銀川）稱帝，是為肅宗。 |
| 公元757年（至德二年） | 安祿山被其子安慶緒殺害。郭子儀收復洛陽。 |
| 公元759年（唐乾元二年） | 史思明殺安慶緒。 |
| 公元761年（唐上元二年） | 史思明被其子史朝義殺害。 |
| 公元762年（唐寶應元年） | 肅宗死，李俶即位，是為代宗，年號寶應。 |
| 公元763年（唐廣德元年） | 史朝義被殺，安史之亂結束。吐蕃攻陷長安，被郭子儀勸退兵。 |
| 公元780年（唐建中元年） | 代宗死，德宗即位，年號建中。實行兩稅法。 |
| 公元794年（唐貞元十年） | 唐與南詔會盟，封南詔王。 |
| 公元823年（唐長慶三年） | 建立「唐蕃會盟碑」於拉薩。 |
| 公元835年（唐大和九年） | 甘露之變，文宗欲除宦官失敗。 |
| 公元840年（唐開成五年） | 文宗死，宦官立武宗。回紇國滅。 |
| 公元869年（唐咸通十年） | 吐蕃王朝滅亡。 |
| 公元874年（咸通十五年） | 王仙芝起義於長垣。 |
| 公元875年（唐乾符二年） | 黃巢起兵。 |
| 公元880年（唐廣明元年） | 黃巢攻長安，後稱帝，國號大齊。 |
| 公元882年（唐中和二年） | 黃巢部將朱溫降唐。 |

| | |
|---|---|
| 公元884年（中和四年） | 黃巢的農民起義失敗，黃巢死於狼虎谷。 |
| 公元885年（唐光啟元年） | 僖宗回長安。 |
| 公元896年（唐乾寧三年） | 李茂貞攻入長安，劫持昭宗。 |
| 公元904年（唐天祐元年） | 朱溫殺昭宗，屠殺宦官。 |
| 公元907年<br>（大祐四年、後梁開平元年） | 朱全忠（朱溫）滅唐建後梁，五代十國開始。 |
| **五代十國** | |
| 公元916年（後梁貞明二年） | 契丹耶律阿保機稱帝，建契丹政權 |
| 公元923年（後梁龍德三年） | 李存勖滅後梁，建後唐。 |
| 公元925年（後唐同光三年） | 後唐滅前蜀。 |
| 公元933年（後唐長興四年） | 孟知祥建立後蜀。 |
| 公元936年（後晉天福元年） | 石敬塘建後晉，石割燕雲十六州予契丹。 |
| 公元947年<br>（後漢天福十二年） | 劉知遠建後漢。 |
| 公元951年（後周廣順元年） | 郭威建後周，劉崇建北漢。 |
| 公元955年至959年<br>（後周顯德二至六年） | 周世宗開始統一中國的戰爭，至960年，五代十國結束。 |

# 中國人的故事（共6冊）

## 學習名人品德與精神　幫助孩子步向成功

### 56位中國古今名人的成功故事

適讀年齡
**9歲或以上**

榮獲第二十七屆
**冰心兒童圖書獎**

名醫和藥學家的
**高明**

領袖和改革家的
**視野**

發明家和工程師的
**努力**

詩人和小說家的
**才華**

將軍和兵法家的
**勇謀**

現代科學家的
**毅力**

# 系列特色

### 擴闊孩子視野

讓讀者了解中國六大範疇的發展與成就，六大範疇包括：政治、發明、科學、軍事、醫學、文學。

### 了解名人故事

講述古今中國共 56 位在不同範疇有非凡成就的佼佼者的故事，學習他們成功背後的秘訣。

### 學習提升自我

透過名人的故事，培養孩子的品德，學習精益求精、堅毅不屈的精神，幫助孩子步向成功。

### 內容程度適中

用字淺白，配以精美插圖，符合高小學生的閱讀能力，並能提升閱讀興趣。

中國歷史之旅　（二版）

# 大唐盛世

作　　者：宋詒瑞
繪　　圖：野　人
責任編輯：趙慧雅
美術設計：李成宇、蔡耀明
出　　版：新雅文化事業有限公司
　　　　　香港英皇道 499 號北角工業 大廈 18 樓
　　　　　電話：（852）2138 7998
　　　　　傳真：（852）2597 4003
　　　　　網址：http://www.sunya.com.hk
　　　　　電郵：marketing@sunya.com.hk
發　　行：香港聯合書刊物流有限公司
　　　　　香港新界大埔汀麗路 36 號中華商務印刷大廈 3 字樓
　　　　　電話：（852）2150 2100
　　　　　傳真：（852）2407 3062
　　　　　電郵：info@suplogistics.com.hk
印　　刷：美雅印刷製本有限公司
　　　　　九龍觀塘榮業街 6 號海濱工業大廈 4 字樓 A 室
版　　次：二〇一八年二月二版
　　　　　二〇二〇年八月第三次印刷
版權所有‧不准翻印

ISBN: 978-962-08-6965-5
© 1997, 2018 Sun Ya Publications (HK) Ltd.
18/F, North Point Industrial Building, 499 King's Road, Hong Kong
Published and printed in Hong Kong